AF746458

www.ingramcontent.com/pod-product-compliance
Lightning Source LLC
LaVergne TN
LVHW051126051026
849532LV00004BB/1685

*9789369085880*

# تنقیدی افکار

(حصہ چہارم)

(سہ ماہی 'ثالث' کے شماروں سے منتخب مضامین)

مرتب:

اقبال حسن آزاد

**Tanqeedi Afkaar - Part:4** *(Literary Essays)*

by: Eqbal Hasan Azad

Edition: March '2025

Publisher :

*Taemeer Publications LLC* (Michigan, USA / Hyderabad, India)

ISBN 978-93-6908-588-0

9 789369 085880




| | | |
|---|---|---|
| کتاب | : | **تنقیدی افکار** (حصہ چہارم) |
| مرتب | : | **اقبال حسن آزاد** |
| صنف | : | تحقیق و تنقید |
| ناشر | : | تعمیر پبلی کیشنز (حیدر آباد، انڈیا) |
| سالِ اشاعت | : | ۲۰۲۵ء |
| صفحات | : | ۹۰ |
| سرورق ڈیزائن | : | تعمیر ویب ڈیزائن |

# فہرست

## ● نور العین ساحرہ

# اردو افسانے کا مستقبل...... عالمی تناظر میں

کسی بھی خطے کی ادبی ثقافت اس کے افراد کی بہترین تفریح ہی نہیں بلکہ فکری بالیدگی کا ارتقاء بھی ہے۔ ہر صدی اور ہر علاقے کا ادب اس کے زمانے کے وسائل و مسائل کا انسائکلو پیڈیا تو ہوتا ہی ہے مگر اسکے ساتھ ہی اس عہد کے انسانوں کی نفسیاتی الجھنوں اور معاشرتی مسائل کی مکمل داستاں بھی ہوتا ہے۔ یوں تو داستاں ہی سے اردو افسانے کا سفر شروع ہوا جو کئی منزلیں طے کرتا ہوا موجودہ تخلیقی شعور تک پہنچا اور اسی روایت میں وہ انسانی فکر شامل ہے جو آنے والی نسلوں تک منتقل ہوتے ارتقاء کا سبب بنتی ہے۔ سرحد کے دونوں طرف لکھا گیا یہ افسانوی ادب سینکڑوں انسانی خیالات اور تجربات کو موضوع بنا کر عالمی منظر نامے میں اپنی انفرادی حیثیت بھی منوا چکا ہے۔ یہ بات بھی درست ہے کہ اردو افسانے نے مختلف علاقوں میں رہنے والوں کو نہ صرف ایک دوسرے کی ثقافت اور مسائل سے متعارف کروایا بلکہ فکری طور پر ایک دوسرے کی قربت کا باعث بھی بنا۔ اس کا حسن ثقافتی تنوع ہے۔ دنیا کا شاید ہی کوئی ایسا ایشو/ مسئلہ یا خیال ہو جس کو اردو افسانے نے اپنے دامن میں جگہ نہ دی ہو۔ رومانویت ،ترقی پسندی ،مارکس ازم، اشتراکیت، جدیدیت، وجودیت سے تجریدیت، تقسیم کا کرب، انفرادی المیہ، طوائف نگاری، مزاحمت، تانیثیت ،اقلیتی مسائل اور موجودہ عہد میں دہشت گردی کے علاوہ 9 / 11 کے پس منظر میں لکھے جانے والے افسانوں سے لے کر مابعد نو آبادیاتی مسائل و محرکات تک کم و بیش سارے ہی خیالات و سماجی مسائل اردو افسانے میں سموئے جا چکے ہیں۔ یہاں تک کہ پاپولر فکشن میں آسیب نگاری، سائنس فکشن، اسراریت، کھوجی بیانیوں کی کہانیاں، اور عام گھریلو مسائل، جبر اور استحصال کی کہانیاں بھی لکھی جاتی ہیں۔ تکنیکی حوالے سے بھی اردو افسانہ دنیا کے افسانوی ادب میں کسی خطے یا ثقافت سے ہرگز کم نہیں اس لئے کہ اس صنفِ ادب میں بہت سادہ سلیس اور سہل بیانیوں کی کہانیاں ہمیشہ ہی سے قارئین کی توجہ کا مرکز رہی ہیں۔ اس کے باوجود افسانہ نگاروں نے اسلوبیاتی تجربات کو ترک نہیں کیا اور نئے نئے اسالیب سے قارئین اور نقادوں کو چونکا دینے میں کامیاب بھی رہے۔ جیسا کہ ہم دیکھ سکتے ہیں کہ علامت نگاری، شعور کی رو، تمثیل نگاری، ڈرامائی اسلوب

اور لسانی تجربات سے مزین افسانے بھی لکھے گئے اور ابھی بھی یہ اسلوبیاتی تجربات جاری ہیں گو کہ ان افسانوں کے قارئین ابھی کم ہیں اور ان سے کثیر/ وسیع المطالعہ ہونے کی مکمل امید رکھی جاتی ہے۔

اردو کے مقابل جب ہم عالمی افسانوی ادب پہ نگاہ ڈالتے ہیں تو ہمیں کم وبیش وہاں بھی انہی اقسام کے موضوعات کا سامنا کرنا پڑتا ہے جو ہمیں درپیش ہیں۔ یہ الگ بات کہ اگر کافکا کو پڑھا جائے تو وجودیت اور باطنی کرب سے لے کر جدید عہد کے انسان کی تنہائی تک وہ تمام اسباب بھی محسوس ہوتے ہیں جو کافکا جیسے کہانی نویسوں کے اعصاب پہ طاری تھے۔ امریکی مصنفین کو براہ راست معاشی اور نسلی عصبیت جیسے مسائل کا سامنا تھا اور ابھی بھی کم وبیش ایسے ہی مسائل ان کے عصری ادب میں موجود ہیں۔ اسی لئے وہاں علامت نگاری کے ساتھ ساتھ تنہائی کا کرب بھی موجود ہے۔ جیسے ہینری جیمز، او ہینری، بورخیز، چارلس ڈبلیو چیسنٹ، ہیمنگ وے، ایڈگر ایلن پو، شرلی جیکسن، ایلس واکر، اوٹس اور کئی دوسرے مصنفین نے اپنی زندگیوں کے تجربات کو افسانوی ادب میں سمو کر پیش کیا ویسے ہی منٹو، راجندر سنگھ بیدی، منشی پریم چند، احمد ندیم قاسمی، عصمت چغتائی، قرۃ العین حیدر اور اس دور سے تعلق رکھنے والے بہت سے دوسرے مصنفین نے بھی اپنے اپنے مسائل کا احاطہ کیا اور نئے عہدِ حاضر میں بھی مسلسل کیا جا رہا ہے، لیکن پھر بھی یہ موضوعات اور ان کا برتاؤ اردو افسانے سے قدرے مختلف ہے۔ اردو افسانے کا مصنف ایک مختلف ثقافتی ماحول رکھتے ہوئے اپنے اسلوب میں بھی جدا ہے۔ منٹو اور واجدہ تبسم جیسے "بولڈ" لکھاری بہت کم ہیں جنہوں نے کئی طرح سے دباؤ کے شکار سماج میں موجود ریاکاری کو عیاں کیا۔ گو کہ اردو افسانے کی روایت میں خواتین افسانہ نگاروں نے شاہکار تخلیق کئے مگر ایک مشرقیت بہرحال ان کے مزاج کا حصہ رہی۔ جس کی وجہ سے ان میں وہ بے باکی کم ہی نظر آتی ہے یا بڑی حد تک مفقود ہے جو امریکی اور مغربی مصنفین کا خاصا ہے۔ اس کے باوجود ممتاز شیریں، رشید جہاں، ہاجرہ مسرور، جمیلہ ہاشمی سے بانو قدسیہ، واجدہ تبسم اور تبسم فاطمہ تک بہت سی ایسی خواتین افسانہ نگار ہیں جنہوں نے سماجی جبر، پدرسری مزاج اور استحصال کے خلاف اپنی افسانوی تحریروں سے تاریخ رقم کی۔ خوش آئند بات یہ ہے کہ نئی نسل میں بھی بہت سے روشن ستارے ادب اور زندگی کو مدنظر رکھتے ہوئے اپنے حصے کی شمع جلا رہے ہیں اور کوئی وجہ نہیں کہ اردو افسانے کے مستقبل سے مایوس ہوا جائے۔ موپاساں اور چیخوف نے اگرچہ جدید اردو افسانے پہ گہرے اثرات چھوڑے لیکن بیسویں صدی کے فرانسیسی اور انگریزی مصنفیں نے بھی خیال اور اسلوب دونوں سطحوں پر اردو افسانہ نگار کو کافی متاثر کیا۔ افسانے کا بیانوی انداز پیچیدہ اور تہہ دار ہو گیا جس سے تفہیم وتعبیر بھی کچھ مشکل ہو گئی لیکن اس سے یہ بھی تاثر ابھرتا ہے کہ اردو افسانہ بھی ارتقائی منازل طے کر رہا ہے۔ موپاساں اور چیخوف کے اسلوب کی اپنی

سہولت ہے لیکن آج کے عہد میں کہانی افسانے کی دوڑ میں بیانیہ کی انفرادیت ہی افسانویت کی صحت مند دلیل ہے۔ انتظار حسین، ڈاکٹر رشید امجد، ڈاکٹر انور سجاد اور اسد محمد خان نے روایت سے تھوڑا بہت انحراف کرتے ہوئے افسانے کو جدید عہد کے شعور سے ہم آہنگ کرنے کی کوشش کی۔ میں یہ بھی سمجھتی ہوں کہ اردو افسانے میں اب بھی بہت گنجائش ہے...... نہ صرف خیال بلکہ اسلوب کی سطح پہ بھی ایک وسیع خلا موجود ہے جسے نئی نسل چاہے تو بڑی سہولت سے پر کرسکتی ہے۔ آج کے بیشتر افسانے فکری، اسلوبیاتی اور لسانی حوالوں سے بہت منفرد اور معیاری ہوتے ہیں۔ روایت اور جدت کے امتزاج کے ساتھ وہ تمام بیانوی تجربات دیکھنے کو ملتے ہیں جو عالمی افسانوی ادب کا ادراک بھی رکھتے ہیں اور انفرادیت کا شعور بھی۔ پرانے لکھنے والوں کے ساتھ ساتھ کئی نئے لکھنے والے بھی سامنے آئے ہیں۔ پرنٹ میڈیا کے علاوہ فیس بک پر موجود ''عالمی اردو افسانہ فورم'' میں شایع ہونے والے بے شمار افسانوں کو دیکھتے ہوئے یہ کہنا بے جا نہ ہوگا کہ عالمی تناظر میں اردو افسانے کا مستقبل بہت روشن نظر ہے لہذا اردو افسانے کے مستقبل کی جانب سے ہمیں مایوس ہونے کی چنداں ضرورت نہیں۔

◀◀ ● ▶▶

## ● مذاکرہ

# کیا اردو افسانہ نگاروں کے پاس نیا لکھنے کے لئے کچھ بھی نہیں ہے؟

☆ (شرکاء: اقبال حسن آزاد، اقبال حسن خاں، محمد ظہیر بدر، یوسف عزیز زاہد، نعیم بیگ، فرخ ندیم، پیغام آفاقی، سبین علی، سلمیٰ جیلانی، نور العین ساحرہ، ناہید اختر، وحید احمد قمر، اختر آزاد، شاہد جمیل احمد، محمد عامر مجید، نوشین طارق، عظمیٰ خانم، زین حق، محمد جمیل اختر، خالد ستار عباسی، سارہ خاں اور طاہرہ مسعود باد صبا)

☆ اقبال حسن آزاد: کیا اردو افسانہ نگاروں کے پاس نیا لکھنے کے لئے کچھ بھی نہیں ہے؟

☆ اختر آزاد: ''کیا اردو افسانہ نگاروں کے پاس نیا لکھنے کے لئے کچھ بھی نہیں ہے؟'' یہ سوال اگر کسی اور کا ہے تب کوئی بات نہیں، پوچھ سکتے ہیں۔ اور اگر اقبال حسن آزاد کا ہے تو پوچھنا بے کار ہے۔ کیوں کہ اقبال حسن آزاد خود اردو کے ایک افسانہ نگار اور ''ثالث'' کے کامیاب مدیر ہیں۔ اگر نیا لکھنے کے لئے کچھ نہیں ہے تو کیا اب تک جو جناب لکھ رہے تھے وہ کیا تھا اور اگر کچھ نہیں ہے تو اس کے باوجود آپ اپنے ہر شمارے میں تقریباً پندرہ افسانے شائع کر رہے ہیں اس کے پیچھے جواز کیا ہے؟ اگر اقبال صاحب کو لگتا ہے کہ اردو افسانے میں جو کچھ لکھا جا رہا ہے وہ نیا نہیں ہے تو نیا کیا ہے، اس کی مثال انہیں اپنی تحریر کے ذریعہ پیش کرنا چاہئے۔

☆ سارہ خان: آزاد صاحب! نیا لکھنے کی اجازت کون دیتا ہے؟ جب زبان پہ پہرے بیٹھا دیئے جائیں تو الفاظ کا دم گھٹ جاتا ہے. یہاں سیاست پر بات کر کے زبان کو سو بار کلمہ پڑھ کے پاک کرنا پڑتا ہے۔ فرقہ واریت پر آواز اٹھاؤ تو جان سے ہاتھ دھونے پڑتے ہیں۔

جانے کب کون کسے مار دے کافر کہہ کر     آج ہر شخص مسلمان بنا پھرتا ہے

لکھنے کو تو بہت کچھ ہے سر! پڑھنے والے اپنی مرضی کی تحریر پڑھنا چاہتے ہیں۔ ہاں، میں بھی لکھ سکتی ہوں مگر جھوٹ نہیں لکھ سکتی اور ہمارے پڑھنے والوں کو جھوٹ سننے کی عادت پڑ چکی ہے۔ آپ کیا کوئی نیا جھوٹ سننا چاہتے ہیں؟

☆ شاہد جمیل احمد: ہے جناب! کیوں نہیں ہے! سیاست، فلسفہ، نظریات، سائنس، طبیعات، کاسمالوجی وغیرہ کے سینکڑوں مضامین اردو افسانہ نگار کی راہ دیکھ رہے ہیں۔

☆ اقبال حسن آزاد: اقبال صاحب! نیا کیا لکھیں جب دنیا میں کچھ بھی نیا نہیں۔ وہی پرانے

رشتہ دار، وہی پرانی محبتیں اور نفرتیں، کہیں غربت میں سسکتی کہیں امارت کے جھنڈے گاڑتی، ملازموں کے بازو اُکھاڑتی زندگی، کہیں دہشت گردی کے ہاتھوں یرغمال خوف اور سہمی ہوئی جانیں۔

☆**محمد عامر مجید**: ہم لوگ جدید موضوعات کو سامنے لانے کی بجائے پرانے موضوعات کو جدید لفظوں میں ڈھالنے کے درپے ہیں۔ شاید اس لئے کچھ نیا نہیں مل رہا۔ میرے نزدیک نیا سے مراد ایسے موضوعات ہیں جو ہمارے روزمرہ کا حصہ ہیں مگر تا حال لکھاری کی آنکھ سے اوجھل ہیں۔ میرے خیال میں تو نئے اور موجودہ سے تو سب ہی بیزار ہیں اور سب کو ہی پرانی باتیں اور یادہی اچھی لگتی ہیں اور ویسے بھی کہانی ہمیشہ پرانے واقعات پہ ہی تو مبنی ہوتی ہے خواہ وہ ایک دن پرانے ہوں یا ایک سال، اس لئے اگر آپ کو کچھ نیا لکھنا ہے تو بھی آپ کو واپس پرانے کی طرف ہی جانا پڑے گا شاید اس میں سے کچھ نیا نکل سکے۔

☆**شاہین کاظمی**:

نیا بنانے کی حسرت کبھی نہیں مرتی نئے سرے سے نئے کو نیا بناتے ہیں

☆**یوسف عزیز زاہد**: بہت اچھا سوال ہے اپنے معنوی اعتبار سے۔ ویسے ہی ایک سوال ذہن میں آیا...... یہ ''نیا'' کیا ہوتا ہے؟ اس کی اگر تعریف ہو جائے تو کچھ عرض کروں۔

☆**سبین علی**: نیا انداز بیاں بھی ہوسکتا ہے اور موضوع بھی۔

☆**یوسف عزیز زاہد**: درست...... مگر مجھے تو ''نیا'' کی تعریف درکار ہے، اسلوب یا موضوع کی نہیں۔

☆**سبین علی**: پنجابی کا ایک محاورہ ہے نو انو دن پرانا سو دن...... اب ہم کیا کہیں یوسف بابا؟

☆**یوسف عزیز زاہد**: بہت پتے کی بات کی ہے سبین...... یہ جو نیا ہے نا...... تو نو دن تک ہی نیا رہتا ہے دسویں دن پرانا ہو جاتا ہے اور اگر ''نو'' کو انگریزی زبان کا ''نو'' سمجھ لیں تو پھر ''نیا'' کا وجود ہی عدم ہو جاتا ہے اور پرانا کا ''سو'' عدد نہ رہے تو اجالا ہو جائے اب آپ اس پہیلی کو بوجھ لیں۔

☆**سبین علی**: برصغیر اور یورپی زبانیں ایک ہی خاندان سے ہیں اس لئے پہیلی بوجھنے کے لئے soandno سے لے کر نو اور سو کے اعداد میں دلچسپ مماثلت نظر آرہی ہے یوسف بابا۔ نیو اینڈ نو بھی کہیں ایک ہی اوریجن سے تو نہیں۔

☆**یوسف عزیز زاہد**: خاصی ذہین ہو تم تو، سو، میں بھی اعتراف کر لیتا ہوں سبین علی کہ نو اور نیا میں کوئی نسبت ہو ویسے یاد آیا ''نو'' اردو میں نیا کے معنوں میں بھی استعمال ہوتا ہے مثلاً ''نو آبادیاتی نظام!'' اور 100 (سو) عدد بھی ہے اور سو (پھر) کے معنوں میں بھی استعمال ہوتا ہے ایک کتاب لسانیات کے حوالے سے ہاتھ لگی ہے مگر ذہن یکسو نہیں پشاور سانحہ کی وجہ سے۔

☆ **سیمیں علی**: ہر نیا پہلے نو ہوتا ہے نا...... آئین نو سے ڈرنا طرز کہن پہ اڑنا وغیرہ وغیرہ۔ نو آبادیاتی میں نو بھی نیا تھا جس نے کتنی نسلوں کا نام ونشان مٹانے کی کوشش کی ایب اوریجنل ایک مثال ہیں۔ ادیب کا مطلب نامعلوم یعنی نو ہی ہے۔ ایک نئی قوم جسے دریافت کرتے ہی نہ no کا نشانہ بنایا گیا۔ دنیا کا ہر بڑا ادیب مفکر دانشور اپنے سے قبل کے کسی اور بڑے ادیب دانشور مفکر سے متاثر ہوتا ہے۔ یہ سلسلہ چل رہا ہے چلتا جارہا ہے تو پرانا سودن والی کہاوت درست نظر آتی ہے۔ لیکن وقت کے ساتھ کچھ مسائل کچھ واقعات ایسے بھی جنم لیتے ہیں جن کی تاریخ میں کوئی مثال نہیں ملتی، جیسے ابھی آرٹیفیشل انٹیلیجنس پر بہت کچھ لکھا جائے گا۔ بالکل نئے موضوع پر قلم اٹھانا ایک چیلینج بھی ہوتا ہے اور اسے رد کئے جانے کا خوف بھی زیادہ ہوتا ہے۔

☆ **اقبال حسن خاں**: لکھنے والے کی ہزار آنکھیں ہوتی ہیں۔ وہ جس چیز کو اپنے زاویہ سے دیکھتا ہے، ویسے ہی لکھ دیتا ہے۔ نیا زاویہ ہوگا تو چیز نئی کہلائے گی ورنہ دنیا میں کوئی بات نئی بات نہیں۔

☆ **یوسف عزیز زاہد**: بہت اچھا کہا آپ نے اقبال حسن خاں صاحب!..... لکھنے والے کی ہزار آنکھیں ہوتی ہیں۔ لیکن میں یہ جاننا چاہتا ہوں کہ نیو کی ڈی فینیشن کیا ہے؟

☆ **اقبال حسن خاں**: نیو کی ڈی فینیشن کسی واقعے کو، اپنے، انداز سے دیکھنا۔ جب زلزلہ آیا تھا تو ٹیلی ویژن پر ایک ڈرامائی مقابلہ اس سلسلے میں ہوا۔ تیرہ میں سے بارہ ڈراموں میں یہی لکھا گیا تھا کہ شادیاں رک گئیں، چوریاں ہوگئیں، بے ایمان آدمی کا پیسہ اور دولت ضائع ہوگئی وغیرہ۔ ایک لکھاری نے اسے مختلف انداز سے دیکھا، اس نے جو ڈراما لکھا اس میں اس نے بتایا کہ زندگی کو کیسے رواں دواں ہونا ہے کہ یہ ایک ہی بار ملتی ہے اور اسے کیسے گزارنا چاہئے کہ اچانک آن پڑنے والی مصیبت کے بعد افسوس نہ ہو۔ اس لکھاری کو اس پلے پر پہلا انعام ملا تھا۔

☆ **نور العین ساحرہ**: اچھا سوال ہے۔ کوشش کرتی ہوں اپنی سمجھ کے مطابق جواب دوں۔ مجھے تو لگتا ہے بہت کچھ نیا ہے لکھنے کو جسے ابھی تک کسی نے ڈسکور نہیں کیا لیکن اس کی بنیاد کہیں نا کہیں کسی کسی پرانے پر ہی کھڑی ہوتی ہے۔ صرف زاویہ نظر بدل کر دیکھنے سے کوئی بھی پرانا ٹاپک نیا بن جاتا ہے اور یہی وہ تخلیقی جوہر ہے جو کسی گھسے پٹے موضوع کو نئے رخ دیتا ہے اور موجودہ دور کے تقاضوں کے مطابق نئی تخلیق ہونے کا احساس دیتا ہے۔ مثلاً اب وہ زمانہ نہیں رہا کہ "ٹیپکل طوائف" پر افسانہ لکھیں ہم لوگ کیونکہ اب وہ طوائف صرف تاریخ میں زندہ رہ گئی ہے حقیقت میں وجود نہیں رکھتی۔ البتہ دھندہ تو اب بھی وہی/ مقصد وہی/ انسانی تجارت وہی لیکن اب ہم اسے نئے زاویئے سے دیکھ کر افسانہ لکھیں گے جہاں وہ امراؤ جان کی بجائے پروسٹیٹیوٹ ہوگی/ اس قبیل کی عورت کو اکیسویں صدی میں کیا مسائل درپیش ہیں۔ اسکا برتاؤ کیسا

ہے۔ وہ ایسی کیوں بنی؟ یہ سب عہد جدید کے مطابق لکھنا ہی ''نیا پن'' ہے اور ایسے ہی باقی سارے ٹاپکس بھی۔ سب کے زاویئے بدل کر آج کل کے دور میں لانا ہوں گے۔

☆اقبال حسن خاں: نورالعین ساحرہ! یہی بات ہے۔ ویسے امراؤ بھی وہی تھی جو تم نے انگریزی میں لکھا ہے۔

☆نورالعین ساحرہ: بالکل میں وہی کہنا چاہ رہی ہوں جو اقبال خان صاحب کہہ رہے ہیں لیکن افسوس میں ان کی طرح استاد نہیں ہوں ناں اس لئے ویسے بہترین طریقے سے کہہ نہیں پا رہی۔ اگر آج تک آپ نے پہاڑ کی چوٹی پر کھڑے ہو کر نیچے چلنے پھرنے والوں پر افسانہ لکھا ہے یا پڑھا ہے تو اب آپ خود پہاڑ کے نیچے آ جائیں یا دائیں کھڑے ہو جائیں یا پھر بائیں اور چوٹی پر پہنچنے والوں کو دیکھیں اور یہاں سے دیکھ کر ان پر لکھیں وہ وہاں کیسے پہنچے۔ کیا یہ مکمل نیا زاویہ نہیں بن گیا؟ جس پر ابھی تک پہلے کسی نے نہ سوچا تھا نہ لکھا تھا؟ یہی نئے زاویئے ''نیا پن'' ہے جن پر پہلے کسی کی نظر نہیں پڑی اور ہر مسئلے میں نیا پن ڈھونڈ لینا ہی تخلیق کہلاتی ہے ورنہ روٹین میں لکھی بار بار دہرائی گئی سادہ کہانی جس کا ادب میں کوئی نیا کنٹریبیوشن نہیں ہونے والا۔ لکیر کا فقیر اور پرانے خیالات یا لوگوں کے پہلے سے پسندیدہ تصورات بار بار دوبارہ پیش کرنے والا سیف گیم تو کھیل رہا ہوتا ہے اور رسک نہ لینے کی بنا پر ہمیشہ محفوظ بھی رہتا ہے لیکن تخلیقی دنیا میں کبھی اسکے قدم جمتے نہیں کیونکہ وہ ڈرتا ہے نئے تجربات سے نئے زاویوں سے...... صرف پٹی لکیر کو بار بار پیٹے جاتا ہے، سپورٹس مین سپرٹ کے سہارے لکھتا چلا جاتا ہے۔ اسکی نسبت ایک تخلیق کار بہت رسک لیتا ہے۔ صرف اپنے من کی سنتا ہے اور اپنی مرضی کا لکھتا ہے۔ اسے کوئی یقین/امید نہیں ہوتی کہ وہ ضرور سراہا جائے گا بلکہ بہت خطرہ ہوتا ہے کہ لوگ نئی چیز (نئے زاویئے) قبولنے سے صاف منکر بھی ہو سکتے ہیں۔ زہر کا پیالہ بھی پلا سکتے ہیں اور سنگسار بھی کر سکتے ہیں۔ آپ کو آپ کی تخلیق سمیت بھاری پتھر باندھ کر سمندر میں پھینک بھی سکتے ہیں۔

☆عامر محمود: نورالعین ساحرہ! بے شک آپ کی بات درست ہے۔ افسانہ کوئی خاص لمحہ ہی ہوتا ہے جو ادیب کی گرفت میں آ جاتا ہے لیکن افسانے اور تحقیق میں کچھ تو فرق رہنے دیں اس طرح موضوع ڈھونڈ کر اور ریسرچ کر کے لکھنا بھی افسانہ کہلائے گا؟ افسانہ تو کچھ سنہری پل ہوتے ہیں...... کچھ یادگار لمحے ہوتے ہیں جو خود بخود کاغذ پہ اتر آتے ہیں۔ لیکن افسانے کو بھی تناظر سے جوڑے بغیر/انسانیت سے جوڑے بغیر صرف کسی ''قلبی واردات'' کا بیان بنا کر لکھ دینا جس سے انسانیت کا کوئی بھلا نہ ہوتا ہو، یہی وہ جھگڑا ہے جو ادب برائے زندگی اور ادب برائے ادب کے درمیان لکیر کھینچ دیتا ہے۔ اور کیا اردو کے پرانے لکھاری افسانے کو معاشرے کی اصلاح کی غرض سے لکھتے رہے ہیں؟ آپ بطور مثال منٹو کے افسانوں کو سامنے رکھ کر دیکھیں۔

☆نورالعین ساحرہ: منٹو نے زیادہ تر مسائل ہی کو نشانہ بنایا ہے اپنے وقت میں۔ یہی تو اسکا

طرہ امتیاز ہے۔تبلیغ یا اصلاح کا یہ مطلب نہیں ہوتا کہ افسانے میں ''خطبے'' یا ''فتوے'' موجود ہوں گے۔ ہرگز نہیں بلکہ صرف سماجی مسائل کا احاطہ ہوگا تاکہ سوئے ہوئے ذہنوں کو جھنجوڑا جا سکے۔

☆ ناہید اختر :لکھنا تو نیا ہی شروع کرتے ہیں، لکھتے لکھتے میں ہی سب پرانا ہو جاتا ہے۔

☆ فرخ ندیم:''لکھنا تو نیا ہی شروع کرتے ہیں ،لکھتے لکھتے میں ہی سب پرانا ہو جاتا ہے۔'' واہ! ڈاکٹر ناہید، کیا خوب کہا، ہر روز نئی کربلا۔

☆ نوشین طارق:ہاں کچھ ایسا جو اَب دنیا میں ہونا ختم ہو گیا ہو اور پڑھنے والا ایک حیرت انگیز خوشی سے دوچار ہو جائے کہ اوہ! ایسا بھی ہو سکتا ہے !!!

☆ خالد ستار عباسی: حالات سب کے ایک جیسے ہو گئے ہیں۔سب پرانا ہی لگتا ہے۔

☆ عظمیٰ خانم :اندازِ تحریر نیا ہونا چاہیئے۔بے شک موضوع پرانا ہو۔

☆ زین حق: معاشرہ کو اگر آکٹوپس سے مثال دیں جس کی دس شاخیں یا جو بھی آپ کہ لیں ہیں تو افسانہ محض ایک شاخ جو صرف اندھیری رات ، جبر ، جھوٹ ،غم اور آنسو ،آہ و بکا، درد و تنہائی کو چھو تا ہے۔اجالے، روشنی اور مزاح اس کی قسمت میں نہیں۔تو آخر کب تک کہاں تک؟

☆ محمد جمیل اختر :انداز بیاں کا فرق پہلے سے سنے گئے قصے کو بھی نیا کر دیتا ہے،اور بندہ حیران ہو جاتا ہے کہ جیسے یہ بات تو پہلے کبھی سنی ہی نہیں تھی۔ یہ لکھنے والے پر ہے کہ وہ اس بات کو بیان کیسے کرتا ہے۔ بات ساری داستان گو کی ہے داستان کی نہیں۔

☆ وحید احمد قمر : حضرت انسان کی کہانی بنیادی طور پر وہی ہے جو صدیوں پہلے تھی ، یعنی امن کی خواہش ، جنگ ، رزق کی تلاش ،عورت ، زمین ، خاندانی نظام ، رشتے ناطے ،محبت ،نفرت ، دوستی ، دشمنی ، وغیرہ وغیرہ...... البتہ ہر دور میں ان مسائل کی شکل اور نوعیت بدلتی رہی ہے۔ایک حساس تخلیق کار انہی پرانے مسائل سے نئی کہانی کھوج نکالتا ہے۔

☆ طاہرہ مسعود باد صبا: ہر انسان کی زندگی از سرِ نو شروع ہوتی ہے۔اس لئے اس کے لئے وہ بات جو شاید کروڑوں بار پہلے بھی کہی اور کی جا چکی وہ نئی ہی ہوتی ہے، جسے وہ اپنے ڈھنگ سے کہتا ہے۔ جس طرح انگوٹھے کے نشان انسانوں کی شکلیں ایک سی نہیں ہو سکتیں اور کچھ نہ کچھ تمیز باقی رہتی ہے بالکل اسی طرح تحریروں میں بھی ہوتا ہے۔خواہ موضوع ایک ہی ہو۔انسان بھی سارے ایک ہی ناک کان آنکھیں اور بدن رکھتے ہیں اس کے باوجود بہت مختلف ہوتے ہیں۔آوزیں تک ان کی مختلف ہوتی ہیں۔ یہی حال ذہن اور سوچ کا ان کے زاویوں کا ہے۔

☆ یوسف عزیز زاہد: بحث بہت طویل ہو جائے گی اور وہ سوال جو اقبال حسن آزاد نے اُٹھایا تھا کہ ''کیا اردو افسانہ نگاروں کے پاس نیا لکھنے کے لئے کچھ بھی نہیں ہے؟'' وہیں کا وہیں رہ جائے گا ورنہ میرے ذہن میں بہت دنوں سے یہ سوال کلبلا رہا ہے کہ ''ادب برائے ادب'' میں کیا زندگی مفقود ہوتی ہے؟

☆ فرخ ندیم: دنیا کا ہر (سنجیدہ) ادیب دانشور سب سے پہلے اپنے عہد سے جڑا ہوتا ہے وہ اپنے عہد کے مسائل، فکریات، رویات وتمدن اور معاشرت سے غافل ہونے کا سوچ بھی نہیں سکتا، اگر یہ فرض کرلیا جائے کہ ایک ادیب روایت میں موجود متون کو نئی شکل دیتا ہے تو وہ ادھوری اور بھونڈی نقل کرتا ہے اس لئے کہ اس طفیلی تخلیق میں وہ اپنے تجربے سے زیادہ روایت میں موجود خیال واسلوب کو نئی شکل دے رہا ہوتا ہے۔ جیسے کوئی شخص یہ کہے کہ فلاں نے غالب کی زمین میں غزل لکھی، افسانے یا افسانوی ادب میں زمینوں کے تجربات متنائے نہیں جاتے بلکہ معاشرتی شعور وادراک کی تعبیر بیانیہ کی صورت ڈھلتی ہے جس میں روایت میں موجود فکر اور (سنجیدہ) ادیب کی فکر رگڑ کھاتے چنگاریاں پیدا کرتی ہیں، ان چنگاریوں سے سوالات چھٹتے ہیں، محض انفرادی/ باطنی فکر جس کا سماجیات اور معاشرت سے تعلق کمزور ہو یا سرے سے غائب ہو یا جس میں سوال نہ ہو صرف جزبات کا باطنی بہاؤ ہو ایسا افسانوی متن کمزور ہوتا ہے۔ صنف کے حوالے سے افسانہ یا ناول شاعری سے کیوں مختلف ہیں؟ اسی لئے کہ شاعری میں شعریت غالب کو ڈھے اور افسانہ/ کہانی ناول میں کسی سماج کے انسان کی کہانی، اس کا بیانیہ اور اس کی افسانوی شکل، من مانا بیانیہ ممکن ہے ایسا متن تخلیق کرے جس کی ساختوں میں فرار، تعیش، جنسی (غیرضروری) میلان، روایت پرستی یا روایت شکنی سب کچھ شامل ہو۔ یا پاپولر کلچر کا پروردہ ہو۔ ہمیں ہر حال میں ہر ادیب اور اس کے متون کا نفسیاتی اور دوسرے سبھی حوالوں سے جائزہ لینا ہوگا کہ یہ افسانہ کیوں لکھا گیا، متن کا مقصد کیا ہے۔ اس کا مخاطب کون ہے، اس کا خمیر کیسا ہے اور اس کی تجسیم کیسے ممکن ہوئی، ایک قاری کی حیثیت سے میرا حق ہے کہ میری فکری تربیت کے مطابق میں اپنے تمام سولات کے جوابات تلاش کروں۔

☆ یوسف عزیز زاہد: فرخ ندیم نے بہت عمدگی سے احاطہ کیا ہے ساری بحث کا۔

☆ فرخ ندیم: مغرب میں ناول جمہوریت کے ساتھ سامنے آیا، اس لئے کہ کلاسیکی شاعری اور ڈرامہ اشرافیہ کی اصناف تھیں، جمہوریت سامنے آئی تو عام انسان کو ان نثری متون میں جگہ ملی، اب المیہ کسی شہزادی کا یا نواب زادی کا نہیں لکھا گیا بلکہ کسی جھگی میں رہنے والی، کوئی نوکرانی کوئی عام عورت اور مرد بھی ناولوں اور افسانوں کے مرکزی کردار بنے۔ اس طرح ناول/ کہانی اور جمہوری قدریں آپس میں لازم وملزوم ہوگئیں۔ بہت عجیب صورت حال اس وقت سامنے آتی ہے جب ہمارے کلچر کا افسانہ شعری اسلوب میں ڈھل کر سماجی مسائل کے محرکات جاننے کی بجائے وہی پیرایہ اختیار کرتا ہے جو نظم یا نثری نظم کا ہے۔ اس

طرح اگر افسانہ کہانی فردِ واحد یعنی راوی کا باطنی بوجھ اٹھائے اور قاری کے سپرد کر دے تو کہانی / افسانہ کے بیانیہ اور جمہوری قدروں کو ٹکراو ہوگا۔ ادب میں شعری قدر اور افسانوی قدر / نثری قدر مختلف ہیں۔ میں آپ کو شیکسپیئر کی مثال دیتا ہوں۔ شیکسپیئر کے بارے کہا جاتا ہے وہ بلا تعصب انسان کی بات کرتا ہے۔ صرف لسانی حوالے دیکھ لیں تو اس کے بڑے اشرافیہ کردار شعری زبان استعمال کرتے ہیں جبکہ غریب غربا عام نثری گفتگو۔ ایک قاری کی حیثیت سے ہر قسم کی لسانی ساختوں کی تحلیل نفسی میرا حق ہے۔ میں سوچ اور پرکھنے کا حق رکھتا ہوں کہ فسانہ عجائب کی زبان اشرافیہ کی زبان کیوں ہے؟ معرب اور مفرس تراکیب کے پس پردہ نفسیاتی محرکات کیا ہیں۔ زورِ باطن، شورِ وجدان اور شورشِ قلب کیا معنی رکھتے ہیں۔

☆ **وقار ملک**: اردو افسانہ میں جنس کے علاوہ ابھی تک کہا کیا ہے؟ اردو افسانے میں ابھی بہت کچھ کہنا باقی ہے۔ دو چار گنتی کے افسانہ نگار اور دس بیس چند گنتی کے افسانے۔ بس یہ ہے کل متاع اردو افسانے کی۔

☆ **یوسف عزیز زاہد**: معذرت خواہ ہوں وقار ملک صاحب! انتظار حسین، خالدہ حسین، انور سجاد، قرۃ العین حیدر کے افسانوں کا مطالعہ کر لیں آپ کو اپنے سوال کا جواب مل جائے گا۔

☆ **اقبال حسن خاں**: وقار ملک صاحب! بہت معذرت کے ساتھ عرض کرتا ہوں کہ آپ نے اردو افسانہ پڑھا ہی نہیں۔ آپ نے ابو الفضل صدیقی کو پڑھا؟ رحمان مذنب، رفیق حسین، عنایت اللہ، افرح بخاری، وحیدہ نسیم، رام لال، آغا اشرف وغیرہ کو جانتے ہیں آپ؟ اور آپ نے کیسے کہہ دیا کہ اردو افسانے میں صرف جنس ہے؟

☆ **پیغام آفاقی**: مجھے لگتا ہے کہ "کچھ نیا" وہ ہے جس کو پڑھتے ہوئے تکرار کا احساس نہ ہو۔ کچھ کہانیاں، کچھ کتابیں اور کچھ دوست (اور کچھ بیویاں) ایسے ہوتے ہیں جن کی صحبت میں کبھی بھی تکرار کا احساس نہیں ہوتا۔ اس لئے یہ بھی کہہ سکتے ہیں کہ نئے کی کوئی عمر مقرر نہیں ہوتی۔ مسلسل نیا وہ ہوتا ہے جس میں تہداری ہوتی ہے، جان ہوتی ہے اور لمبی عمر ہوتی ہے۔ یہ دنیا اپنے کو مسلسل کھولتی رہتی ہے اور کھولتی رہے گی۔ نیا صرف وہ لکھ سکتے ہیں جو یکسانیت سے خود بور ہو جاتے ہیں۔ وہ اکثر کربناک کوفت اور تنہائی کے شکار ہو جاتے ہیں لیکن نئی دیوی انہیں کے یہاں درشن دیتی ہے۔ پرانا اور نیا لکھنے والوں میں ویسا ہی فرق ہوتا ہے جیسا مردوں اور زندوں میں ہوتا ہے۔ انسان خبر کا بھوکا ہوتا ہے۔ وہ زیادہ سے زیادہ جاننا چاہتا ہے۔ خود عشق کرے نہ کرے دوسروں کی خبر ضرور رکھتا ہے۔ یوں کچھ چیزیں ایک مخصوص شخص کے لئے، کسی مخصوص جگہ کے لئے نئی ہوتی ہیں اور کچھ عالمی سطح پر، تاریخی سطح پر نئی ہوتی ہیں۔ موسم نئے نہیں ہوتے، خوراک نئی نہیں ہوتی، میاں بیوی نئے نہیں ہوتے، بچے نئے نہیں ہوتے لیکن وہ ہر لمحہ نئے لگتے ہیں کیونکہ صورتحال نئی ہوتی ہے اور کہانی کی بنیاد صورتحال ہی ہے۔

☆ **محمد ظہیر بدر**: میرا خیال ہے دنیا بھر کے ادب اور پاکستان کے ادب (جزوطوری ہندوستانی اردو ادب بھی) جن مسائل سے دوچار ہے۔ وہی بالواسطہ طور پر ادیب کے مسائل بھی ہیں۔ چنانچہ اس سوال کا جواب ان مخصوص حالات کے حوالے سے تلاش کرنا چاہئے۔ کیونکہ موضوعات کو کنسیو کرنا اور انہیں اپنی سائکی کا حصہ بنا کر ایک اضطراب کی تخلیق جو کہ کتھارسس کے لئے اور ادائیگئ فرض کے لئے ادیب کو ابھارے اور وہ سرتا قدم خامہ بن جائے۔ اردو دنیا میں ایسے حالات مفقود یا نامساعد ہیں۔ یہی باعث ہے کہ یہ سوال پیدا ہوتا ہے۔ ورنہ شاید اس بارے میں دو رائے نہیں اور اس سوال کا ایک مختصر سا جواب بنتا ہے...... جی ایسا نہیں ہے۔ مگر آج کل کے حالات ادیب کو نئے موضوعات پر قلم اٹھانے سے نہ صرف منع کرتے ہیں بلکہ ادیب کے اندر ایسی تحریک بھی نہیں پیدا ہو پاتی اور وہ گھڑے سے مچھلیاں پکڑتا رہتا ہے۔ وہ ان موضوعات کو فساد خلق سمجھتا ہے۔ جیسا کہ شاہ عنایت نے بلھے شاہ کو منع کیا تھا کہ دور قاضیوں پاجیوں کا ہے فتویٰ اور پھر پھانسی۔ چنانچہ احتراز کرو...... مگر بلھا کیونکہ بلھا تھا باز نہیں آیا۔ مگر آج کا ادیب بلھے شاہ کا سا جگر انہیں رکھتا۔ اس کے اظہار کے لئے متعدد عوامل مانع ہیں۔ جن میں صرف خارجی ہی نہیں داخلی عوامل بھی شامل ہیں۔ کیونکہ محض خارجی حالات کبھی بھی ادیب کا قلم نہیں روک پائے اور نہ ہی فکر کو قید کر سکے ہیں۔ بلکہ ایسے حالات میں تو ادب عالیہ کی تخلیق ہوا کرتی ہے۔ چنانچہ محض خارجی ہی نہیں بلکہ جن خارجی حالات نے داخلی سطح پر ادیب کو مصلحت اندیش بنا دیا ہے۔ ورنہ زندگی جوں جوں آگے بڑھتی ہے۔ شعور ترقی کرتا ہے مسائل کے حل اور اس کے نتیجے میں نئے مسائل کا جنم لینا فطری امر ہے۔ یہی مسائل افسانہ نگار کی کہانیوں کا موضوع بنتے ہیں۔

☆ **پیغام آفاقی**: بہت عمدہ محمد ظہیر بدر صاحب! یوں تو تخلیق کار کی ہر وہ تحریر جو ذہن اور تخیل کو جلا بخشے قابل قدر ادب پارہ ہے لیکن انسانی مسئلے پر غور و فکر کرنا ایک ذمہ دار ادیب کی پہچان ہے۔

☆ **فرخ ندیم**: ظہیر بدر صاحب! درست، بہت عمدہ۔ سچ تو یہ ہے آفاقی صاحب کہ ہمارے ادیب اپنے تصوراتی سفر میں اس قدر غلطاں رہے جیسے بغداد کے ''باطنی'' تھے، ہر شخص اپنی ''فردوسِ بریں'' میں بیٹھا یا تو شیخ کے قدموں میں گڑگڑاتا دکھائی دیا یا باغی ہو کر اپنی انا کے دشتِ ہوس میں انا الحق کہتا رہا اور ضیاالحق کے دور میں جو ہوتا رہا اس کو قدرت کا کیا سمجھ کے نظر انداز کرتا رہا۔ خارجی زندگی ادیب سے اتنی دور تھی جتنی سنجیدگی مذاق سے دور۔ تھیچرازم کا بول بالا رہا اس لئے ادیب/ ادیبہ کو توفیق ہی نہ تھی کہ گرد و پیش کا گرد و غبار ایک دن نسلوں کو بہا کر لے جائے گا۔ متن تناظر سے الگ ادیب سماج سے الگ لفظ ذمہ داری سے الگ، کمپارٹمنٹلائیزیشن کے کلچر کو دانستہ طور پہ فروغ دیا گیا۔ تخلیق کار اور تخیل کا بہت گہرا رشتہ ہے مان لیا۔ لیکن تخیل کی تعریف مقصود ہے۔ کیسا تخیل، کیسی جلا؟؟ ایسا تخیل جو غیر حقیقی دنیاؤں میں کھینچتا چلا جائے اور

ذمہ داری سے مجرمانہ غفلت کا ارتکاب کرے؟؟ اسی فیصد ادیب اسی تخیل کے سبب اپنی ذات کی میتھ سازی کرتے ہیں، نرگسیت انہیں اپنے وجود سے باہر نہیں نکلنے دیتی۔ قلم کی تحریر کی طاقت ان کے پاس ایک ایسے ہتھیار کی صورت اختیار کرتی ہے جو کہیں بھی کسی بھی قسم کی ذہن ساز فیکٹری لگانے میں مدد دیتا ہے۔ یہ بھی ذہن سازی ہے کہ معلول تنایا جائے، علت نہ تنائی جائے۔ علت تناظر میں موجود ہے اور ثقافتی نفسیات میں موجود ہے۔ محرک کو چھوڑ کر عمل کو دیکھنا بھی منصفانہ رویہ نہیں۔ محرک پہلے ہے علت پہلے ہے اور عمل اور معلول بعد میں۔ ہمارے کلچر میں دہشت گردی کے اسباب بھی ہیں ان کی جڑیں ہیں، لیکن ہمارے ہاں صرف ایک حادثے کو متن میں جگہ دی جاتی ہے۔ ادیب کا اس سارے عمل کا ادراک لازم ہے، اسے تاریخ کا طالب ہونا ہوگا۔ ورنہ وہ وہی لکھے گا جو میڈیا کہتا ہے۔ میڈیائی صداقتوں کی اپنی سیاست ہے، ان صداقتوں کی سیاست کو نہیں جانے گا ادیب تو خود بھی گمراہ ہوگا اور گمراہی پھیلائے گا۔ جیسے کہ ہمارے بڑے بڑے نام کرتے رہے۔ اور لوگ مانتے گئے۔ معصوم ذہن کو کیا علم کیا سچ ہے کیا جھوٹ ہے۔

☆ **پیغام آفاقی:** بہت عمدہ فرخ۔ فرخ ندیم! مجھے لگتا ہے کہ ادبی و تخلیقی سروکار کا عملی مرکز خارجی پہلو ہے لیکن خارجی دنیا کے تغیرات اکثر تخلیقی عمل کو ٹھہرنے پر مجبور کر دیتے ہیں اور اس کی اتھل پتھل تخلیقی اظہار کو منتشکل ہونے میں رکاوٹ بنتی رہتی ہے۔ ایسے میں داخلی دنیا جو شعور کی لاشعوری سطح اور یادداشت دونوں سطحوں پر موجود علم کو ملا کر حقیقت کے وسیع تر چہرے کو واضح کرنے کے عمل میں لگی رہتی ہے اپنے اظہار کے بہانے ڈھونڈتی ہے اور تخیل کی دنیا میں اپنے پنکھ ہلاتی رہتی ہے۔ اس کا اظہار بھی کبھی الفاظ اور تحریر میں ہوتا رہتا ہے- اس طرح مجموعی عمل میں تخیل کی دنیا ایک pastime اور Shock absorvor کا رول ادا کرتی ہے۔ ادیب و تخلیق کار کی مرکزی دنیا خارجی دنیا ہی ہے۔ خارجی دنیا میں اکثر یہ صورتحال پیدا ہوتی ہے جب منصور کا اناالحق ہمارے آڑے آتا ہے اور خلیل کا آتشکدہ بھی ہمیں استقامت بخشتا ہے۔ لیکن اگر یہ تخیلی دنیا اور اس میں انڈلجنس, فراریت اور تساہلی اور حظ کشائی کی شکل اختیار کرتی ہیں تو یہ یقیناً ایک منفی رجحان ہے۔ اور اگر اس کو خارجی زندگی کی بصیرت کے مقابلے زیادہ قابل اعتبار اور مرکزی حقیقت مانا جاتا ہے تو یہ صریح گمراہی ہے۔ اصل اور مرکزی اہمیت کی حامل حقیقی خارجی دنیا ہی ہے اور زندگی کا مرکز وہی ہے۔ اس کا ثبوت یہ ہے کہ خارجی دنیا کے بغیر داخلی دنیا قائم نہیں رہ سکتی اور خارجی دنیا داخلی دنیا کو کی حرکتوں کی محرک بنتی ہے جبکہ داخلی دنیا کا خارجی دنیا میں جذباتی سپورٹ سے زیادہ کوئی رول نظر نہیں آتا۔ لہذا جن لوگوں کو دنیا اور زندگی کے عمل میں دلچسپی ہے اور جو کائنات کے ہنگاموں کا سرگرم حصہ رہنا چاہتے ہیں ان کا ادب برائے زندگی ہی ہے۔ ترک دنیا انسان کو دنیا کی بدصورتیوں اور برائیوں سے نجات دے سکتی ہے اور اپنی پسند کی ایک

خوبصورت اور نیک خیالی دنیا بھی دے سکتی ہے اور جسم و جان کی حد تک راحت بھی دے سکتی ہے۔لیکن یہ حصول اپنے اہل وعیال، معاشرہ اور دنیا کی ساخت کو تج دینے کی قیمت پر ہی ہوگا اور اس حصول کی نوعیت خوابناک ہوگی۔اس کے دیر پا ہونے کا بھی قطعی کوئی یقین نہیں کیا جاسکتا کیونکہ اس خوابناک دنیا کو خارجی دنیا دیر تک نہیں بخشے گی۔اور انجام ''فنا'' ہوگا - اس طرح داخلی دنیا کو اپنی سوچ کا محور بنانا موت میں زندگی ڈھونڈنے جیسا ہے۔داخلی دنیا اور ادب برائے داخلی دنیا کا کوئی آزاد وجود نہیں۔ان کی حیثیت کسی زندہ پیڑ کے لئے زیر زمین موجود کھاد مٹی کی ہوسکتی ہے لیکن وہ اپنے آپ میں زندگی نہیں اور ان کی کھاد جیسی اہمیت بھی تب ہوگی جب وہ پیڑ کی ضرورتوں سے ہم آہنگ ہوں۔اس لئے ادب کے مرکز میں ادب برائے زندگی کا پیڑ ہے اور ادب برائے ادب پیڑ کے نظام زندگی کے مختلف پہلوؤں میں ایک پہلو۔یہ میری اپنی بنتی ہوئی ایک رائے ہے جو کم از کم مجھے اس معاملے کو سمجھنے میں کچھ مدد کرتی ہے۔احباب کی رائے مختلف ہوسکتی ہے اور میں ہر رائے کو سمجھنے اور اپنی فکر میں جذب کرنے کے لئے مکمل طور پر آمادہ ہوں۔

زندگی کی صورتیں عام طور سے تین ہوتی ہیں۔خوشحالی کا دور، تباہی کا دور اور جد جہد کا دور۔میر اور غالب کی شاعری تباہی کے دور کی شاعری ہے اور یہ ان لوگوں کو بہت مرغوب ہوتی ہے جو خیالی دنیا میں پناہ لینے پر مجبور ہو چکے ہوتے ہیں۔اس شاعری کی اس عظمت سے انکار نہیں کہ یہ خارجی دنیا کے مد مقابل ایک داخلی دنیا کھڑا کر کے پناہ گزینوں کو سہارا دیتی ہے۔لیکن کیا ادب صرف پناہ گزینوں کی چیز ہوتا ہے؟ یہ شاعری ذہنی آرام گاہ کا سامان آسائش بھی ہے۔اس لئے یہ ان لوگوں کو بھی پسند آسکتی ہے جو خوشحال ہیں اور شاعری ان کے لئے سامان راحت ہے۔اقبال کی شاعری رد عمل کی شاعری ہے لیکن اس میں سرسید کی بصیرت والی بات نہیں اور معاملہ بنیادی طور پر تخیلی اور جذباتی رد عمل کا ہے۔یقیناً یہ شاعری حکمت سے خالی نہیں اور فرد کے شعور میں استقامت بھی پیدا کرتی ہے۔ع:

دانہ تو، کھیتی بھی تو، باراں بھی تو، حاصل بھی تو    آشنا اپنی حقیقت سے ہو اے دہقاں ذرا

لیکن جد و جہد کا اصل ادب ناول ہے جس نے زندگی کو سمجھنے پر زور دیا اور اس کے تجزیئے کے لئے راستہ کھولا - ناول نے ہی ماہرین لسانیات کو زندگی کو سمجھنے کے عمل میں اور آگے جانے کا موقع فراہم کیا۔ ناول کا دائرہ عمل خارجی دنیا ہے ہر چند کہ یہ اپنی تکمیل تک پہنچنے کے لئے داخلی دنیا کی غواصی بھی کرتا ہے اور تبھی یہ مکمل بھی ہوتا ہے۔لیکن اس کا مرکز خارجی دنیا میں ہی رہتا ہے۔وہ اگر کسی کردار کی ذہنی دنیا کو بھی کھنگالتا ہے تو وہ بھی خارجی دنیا کا ہی Extension ہوتا ہے کیونکہ کوئی بھی زندگی صرف ذہنی دنیا کے اندر مکمل ہوتی ہی نہیں ہے۔جد وجہد کے دور کا ادب مختلف ہوگا۔اس میں زندگی کے تیز دوڑتے ہوئے خون کی

سنسنی ہوگی، ہنگامہ آرائیاں ہونگی، تبدیلیاں ہوں گی، جسمانی اور ذہنی کشمکش کے نظارے ہوں گے، تجربہ گاہوں کی تنہائیاں ہوں گی، اسرار ہوں گے، پردے ہوں گے، پیچ ہوں گے، انسان کا خون سرد کر دینے والی ہوائیں ہوں گی، کڑکتے بادل ہوں گے، سانس روکے ہوئے انسان ہوں، محبتیں ہوں گی قربانیاں ہوں گی، تاریخ کا مطالعہ ہوگا، سائنس کی مہمات ہوں گی، یقین ہوں گے، بے یقینی ہوگی، مشاہدے ہوں گے، تجربات ہوں گے۔ درد ہوگا، فکر ہوگی۔ لیکن یہ سب خارجی زندگی سے ہم آہنگ ہوں گے۔ لیکن یہ سب زندگی خارجی سے ہم آہنگ ہوں گے۔

سردیوں میں آدمی اپنے کو موٹے کپڑوں میں لپیٹ لیتا ہے۔ کڑاکے کی سردی ہو تو پوری رضائی لپیٹ لیتا ہے اور سامنے الاؤ بھی جلا لیا تا ہے۔ وہ قومیں جو ماورائی تصورات سے اپنے کو ہم آہنگ کر کے آگے بڑھتی ہیں وہ بہت بلندی تک جاتی ہیں لیکن ایک بار گرنے کے بعد اُٹھ نہیں پاتیں اور ایسی تہذیبیں مٹ جاتی ہیں چاہے وہ یونانی ہوں یا اسلامی یا مصری اور دنیائے اسلام کا یہی حال ہے لیکن جو قومیں خارجی زندگی کے سہارے اوپر چڑھتی ہیں گر کر بھی دوبارہ چڑھتی ہیں جیسے جاپان کے ساتھ ہوا۔ مغرب نے بھی یہی راستہ اختیار کیا ہے۔ اور آسمان سے گری قوم رضائی اوڑھے الاؤ جلا کر بیٹھی ہے اور اسی میں اپنے کو محفوظ محسوس کر رہی ہے۔ ہمارا جھگڑا رضائی سے نہیں ہے اور نہ الاؤ سے ہے۔ ہمارا جھگڑا موسم سے ہے۔ ہم نے اپنے گھروں میں ایک مخصوص موسم کو آباد کر لیا ہے۔ ہمارا ادب اس موسم کا preserver ہے۔ اور الاؤ کی لکڑیاں اور کمبل بیچنے والے اس ادب پر قابض ہیں۔

☆ **نعیم بیگ**: میرا خیال ہے کہ اس بیان کو عصر حاضر کے ادب سے پرکھنا بہت ضروری ہے ورنہ اٹھائے گئے اس سوال کی افادیت کسی انفرادی کوشش کو سبوتاژ کر دے گی۔ سب سے پہلے تو یہ دیکھنا بہت ضروری ہے کہ عصری عہد میں ادیب کو کن مبارزت طلب موضوعات کا سامنا ہے اور وہ کیا وہ کما حقہ اس بار کفالت سے نبرد آزما بھی ہے کہ نہیں۔ ادب اگر زندگی ہے تو پھر کیا آج کی زندگی کے ہمارے سماجی و تہذیبی و سیاسی مسائل وہی ہیں جو عالمی سطح پر محسوس کئے جا رہے ہیں۔ کیا انسان اپنی حقیقی طرز معاشرت کو پا چکا ہے یا ابھی بہت کچھ باقی ہے؟ کیا سائنس کی دنیا اور ٹیکنالوجی کے میدان میں سرخ رو ہوتے ہوئے تمام مذاہب کے سامنے سربجود ہوتے ہوئے، منطق اور فلسفہ کے وہ سارے اصول سامنے رکھتے ہوئے وہ مکمل انسان بن چکا ہے؟ ان سوالات کے جواب اتنے آسان نہیں ہیں۔ اور ان سوالوں سے پہلے سب سے بڑا سوال کہ کیا فطری آزادی کی اس آفاقی اکائی کا حصہ بنے ہوئے کیا انسان آزاد ہے؟ میرا خیال ہے کہ اس کا جواب نفی میں ہے۔ ابھی جب انسان آزاد ہی نہیں وہ زمانوں اور صدیوں کے ارتقائی عمل سے گزرنے کے باوجود

مہابیانیوں اور ذہن سازی اور عقاید کے چنگل سے نہیں نکل سکا اور انسانی حقیقتیں ابھی واشگاف الفاظ میں اس پر عیاں نہیں تو ادیب کہاں ٹھہرے گا۔ اسی لئے حقیقت کو پا لینے کے لئے فلسفہ اور ادب کا تسلسل سے سہارا لیا جاتا ہے۔ نظریات کی آبیاری کرتے ہوئے اسکے بہترین پہلوؤں کو اپنایا جاتا ہے اور اسی نظریہ کی منفی پہلوؤں کو رد کر دیا ہے۔ ایسے میں یہ بحث یا گفتگو دراصل کسی بھی طور پر ادب یا ادب کی اصناف پر اپنی بنیادیں نہیں کھڑی کرتی بلکہ اس معاملے کا مکمل طور پر اس تخلیقی جوہر اور اس کے معیار سے تعلق ہے بھلے وہ اردو افسانہ ہو یا اردو شاعری۔ ہاں اگر ہم صرف اردو افسانے کی بات کرتے ہیں تو عصری ادب اپنے اندر بہت سے نئے موضوعات کو مجتمع اور احاطہ کر چکا ہے۔ طوائف اور کوٹھے سے نکل کر ادبی تخلیقات ان سائنس اور دیگر علوم پر سامنے آ رہی ہیں۔ میں نے اپنے ایک مضمون میں جو ''ثالث'' میں شائع ہو چکا ہے عرض کیا تھا:

''ہمارے ہاں لکھنے والے گو سچائی اور موجودات (جدیدیت) کا منظر پیش کر رہے ہیں تاہم اس میں عالمی بورژوائی اور سامراجیت کا مقابلہ کرنے کی سکت روز بروز کم ہوتی جا رہی ہے۔ چندے کچھ ادیب ابھی بھی رجعت پسندی کے عناصر کو سینے سے لگائے نرگسیت کا شکار مذہبی آلودگی کو بھی اپنی تحریر کا حصہ بنا رہے ہیں جس سے افسانوں کی آفاقیت مجروح ہو رہی ہے۔ اور دلچسپ بات یہ ہے کہ یہ رجحان کہیں کہیں ہندوستان میں بھی دیکھنے کو مل رہا ہے اگرچہ وہاں بہتر افسانہ لکھا جا رہا ہے۔ ان تمام منفی رجحانات کے باوجود میں آج کے افسانے سے پوری طرح مطمئن ہوں اور اس کی وجہ برِ صغیر کے وہ بے تحاشا نئے بالخصوص نوجوان ادیب و لکھاری اپنی جواں سال فکری سوچ کو اپنے قلم کا ہتھیار بنا رہے ہیں۔ امن و شانتی، عالمی معاشی جبر، کنزیومر مارکٹنگ اور سامراجیت کو ہم اسی ہتھیار سے شکست دے سکتے ہیں ورنہ خطے میں گزشتہ کئی ایک دہائیوں سے تشدد کا اپنایا ہوا راستہ ہمیں صرف تباہی کی طرف لے جا رہا ہے جس سے عالمی سماج بھی متنفر ہو رہا ہے۔ ہمارے ہاں جید لکھاری اپنے موضوعات میں نیا رنگ لا رہے ہیں تاہم جس رجائیت سے نوجوان لکھ رہے ہیں وہ ان ہی کا خاصہ ہے۔''

اسی تناظر میں ہم آج کے پاکستان میں لکھے جانے والا اردو ادب دیکھتے ہیں۔ ستر کی دہائی میں پاکستان کو ایک نئی نہج (دوبارہ اپنے قدموں پر کھڑے ہونے کی کوشش) پر لانے کی سعی میں رجعت پسند عناصر نے جو پہلے سے ہی پاکستان کی عالمی تاریخی ولادت کو جمہوری اور قومی بنیادوں پر قبول نہیں کر رہے تھے، ایسے ادب کی آبیاری کی گئی جو آمریت کے جھنڈے تلے زندہ رہی۔ اس دور میں مزاحمتی ادب کو نہ صرف فروغ ملا بلکہ عوامی مقبولیت بھی سامنے آئی جس کی زندہ مثال فیض احمد فیض، احمد ندیم قاسمی اور حبیب جالب کی نظمیں اور نثری ادب پارے ہیں۔ کشور ناہید فہمیدہ ریاض سامنے آئیں۔ شومئی قسمت کہ نائن الیون

کا واقعہ ہو گیا اور عالمی طور پر اس مزاحمتی ادب نے ایک نیا رخ لے لیا۔ اسی اثنا میں جو ادب تخلیق ہوا وہ ایک طرف ریاستی جبر کی بنیاد پر علامتی ہوا اور اس کی ایک خاص وجہ ہمارے ہاں اردو ادب میں ثقہ بند نقادوں کی قلت اور پوپ ادب کی عارضی مقبولیت نے ایک نیا رخ لیا جس میں ڈائجسٹ کلچر کو پنپنے دیا گیا۔

☆ قرب عباس: کوئی بھی تخلیق کار ایک مجمعے سے ہٹ کر کھڑا ہوتا ہے، تصویر کو کسی اور اینگل سے دیکھتا ہے۔ اسی کے یہاں انفرادیت ہے۔ اور جو ہجوم کا حصہ ہے وہ ایک ہی نظریے کا حامل ہوگا۔ اس کی ذہنی سطح اور ہجوم کی سوچ مختلف نہیں ہو سکتے (چاہے بھی تو نہیں ہو سکتا) کیونکہ وہ جو دیکھتا ہے اپنے سانچے میں ڈھلے ذہن کے مطابق اس پر سوچتا ہے اور لکھ دیتا ہے...... وہی لکھ دیتا ہے جو سب لکھ چکے ہیں، لکھ رہے ہیں۔

☆ ناہید اختر: انفرادیت کے علاوہ اگر آپ غور کرو تو مسائل کے ادراک اور ان کے حل کے لئے بھی ضروری ہے کہ ہجوم سے کچھ پرے ہٹ کر مشاہدہ کیا جائے۔ چونکہ اس وقت آپ اس ہجوم کا حصہ نہیں ہوتے تو با آسانی ہر چیز کو دیکھ سن اور سمجھ سکتے ہیں۔ بغیر کسی رکاوٹ کے اپنی بصیرت کو بروئے کار لا کر بہت کچھ دریافت بھی کر سکتے ہیں اور اگر ایک قدم آگے بڑھ کر ان کا حل بتانا چاہیں تو وہ بھی ممکن ہو سکتا ہے۔ اگر چہ ادیب صرف مسائل کا ادراک اور دریافت ہی اپنی ذمہ داری سمجھتے ہیں۔

☆ فرخ ندیم: میرے بہت پیارے دوست، استاد، افسانہ نگار اور برصغیر کے ایک معتبر ادبی جریدے ''ثالث'' کے ناظم جناب اقبال حسن آزاد صاحب کا یہ نہایت مختصر، سادہ لیکن بہت اہم سوال تھا۔ اپنے اپنے علمی اور قلمی تجربات کی روشنی میں فاضل دوستوں نے جن خیالات کا اظہار کیا ہم سب تخلیق کاروں کے لئے سوچ کے نئے نئے در وا کرتے ہیں۔ انسانی ارتقا خود گواہ ہے کہ زبان کی وسعت انسانی تجربے ہی کی مرہون منت رہی ہے۔ کسی بھی ادب پارے کی گہرائی اور گیرائی اس کے اظہار میں موجود تناظری نفسیات اور ثقافتی جڑت سے دیکھی پرکھی جاسکتی ہے۔ انسانی موضوعیت اسی ثقافتی ماحول سے مشروط ہوتے تمام محرکات و اسباب کی ترجمان بنتی ہے۔ موضوعیت باطن کا کرب ہو یا سماجی شعور وادراک، گر اظہار کے فن سے وابستہ ہے، جذبہ و فکر سے آگہی رکھتی ہے تو فنی اور فکری بالیدگی کی اساس ہے۔ ادیب/ ادیبہ کی موضوعیت ایسی کئی باطنی اور خارجی دریافتوں سے گزرتی عالمِ موجود میں فکری وسعت کا سبب بنتی ہے۔ قاری ہر نئے متن میں اپنی بساط کے مطابق بھی تعبیر و تفہیم میں اضافے کرتا متن کے مجموعی معنوی نظام کو تحرک بخشتا / بخشتی ہے۔ اس طرح تناظر، ادیب اور قاری مل کر متن کے تحرک کو تسلسل بخشتے رہتے ہیں، یہی وجہ ہے کہ غالب اقبال، منٹو، پریم چند، قرۃ العین اور دوسرے سبھی اچھے لکھاریوں کے متون ابھی تک دریافتوں کے عمل سے گزر رہے ہیں۔ ادبی لسانی فلسفے اور تھیوریاں بھی دریافت ہو رہے ہیں اور ان تصورات کی رو سے ادبی متون پرکھنے کا عمل بھی جاری ہے۔

ارتقا کے ساتھ جہاں استعارہ لباس بدلتا ہے وہیں مجاز کا نیا مزاج انگڑائی لیتا ہے۔اسی جدلیاتی عمل میں نئے تجربات نئے اظہاریوں کو تجسیم کرتے نئے معنی اور نئی تعبیر کو قارئین کے سامنے رکھتے ہیں۔ بہت آسان ہے کہنا کہ ''انسان'' وہی ہے،لیکن بہت مشکل ہے آج کے انسان کے تجربات کو پچھلے انسانوں سے تعبیر کرنا۔آج کے انسان کا تجربہ اور مشاہدہ ایک بڑے ارتقا کا سفر ہے اور یہ ارتقا تمام تر سفا کیوں اور خوبصورتیوں کے ساتھ ایک ابدی تسلسل میں موجود ہے۔عہدِ حاضر کے فکری انسان کا تجربہ ومشاہدہ کونیاتی حوالے سے کثیر الجہت تو ہے مگر ضروری نہیں کہ مابعد جدیدت کے پرآشوب شہر کا باسی ہو۔ضروری نہیں کہ معنی بے معنی ہو۔ یہ بھی لازم نہیں کہ آج کی ادیبہ یا ادیب کبھی قاری، کبھی مصنف ،کبھی متن اور کبھی تناظر کی موت کا اعلان کرتے انکار پرستی کو ثبات کر سکے۔عین ممکن ہے وہ اسرار کی گتھیاں سلجھا کر نئے معنوی نظام کو کامیابی سے دریافت کر لے۔ روشنی کہیں سے بھی ملے سفر آسان کر دیتی ہے۔آج کے ادیب بھی دریافتوں کے عمل سے گزر رہے ہیں۔ موضوعیت/حساس ذہن آگاہ ہے کہ انسان جتن کرتا ہے تو متن کرتا ہے۔ جب تک زندگی کا جتن جاری ہے متن جاری ہے،اور ہر متن کی تعبیر کے سلسلے میں تنقید کی روایتی غیر روایتی فکریات اپنا کردار ادا کرتے رہیں گے۔مہابیانیوں کا جنگل، ذہن سازی کے کارخانے، حتمیت ،لازمیت اور آمریت اب اتنے بھی کرخت نہیں کہ نئی تعبیر تفہیم نہ کر سکے،ابھی کہاں دوستو،ابھی تو بہت کچھ لکھنے کو ہے،ابھی تو سوال پیدا ہوا ہے،ابھی تو عورت جاگی ہے،ابھی تو بچہ بولا ہے،ابھی تو انسان کو سمجھ آئی ہے۔یہی عمل فنی وفکری ارتقا کی دلیل ہے۔شکریہ!

☆اقبال حسن آزاد: بہت خوب جناب فرخ ندیم۔شکریہ! ساتھ ہی ان تمام شرکاء کا بھی شکریہ جنہوں نے اس مذاکرے میں حصہ لیا۔فسانہ دراصل افسوں ہے، جادو ہے، سحر ہے اور افسانہ نگار الفاظ کا جادوگر......موضوعات تو سب پرانے ہی ہوتے ہیں۔اصل چیز اسلوب/ بیانیہ ہے۔جس قلم کار کو ایک ساتھ کئی زبانوں پر قدرت حاصل ہوتی ہے اور جو الفاظ کا مزاج داں ہوتا ہے اور انہیں صحیح جگہ پر استعمال کرنے کا فن جانتا وہی ایک کامیاب افسانہ نگار بن سکتا ہے۔آتش لکھنوی نے کہا تھا:

بندش الفاظ جڑنے سے نگوں کے کم نہیں　　　شاعری بھی کام ہے آتش مرصع ساز کا

یہی شرط مختصر افسانے پر بھی لاگو ہوتی ہے۔ایک بار پھر شکریہ!

## ● ڈاکٹر منظر اعجاز

# غم زیست کا نوحہ گر...... شمیمؔ

میں اپنے ادبی حلقے کے کتنے ہی کرم فرماؤں، مشفقوں اور دوستوں کا ماتم دار ہوں۔ ایسا ماتم دار کہ ہوک گلے کا پھانس بن گئی اور آنسو دیدۂ حیراں کی نذر ہو گئے۔ سر ہتھیلیوں پر ایسے گرا کہ ہاتھ شل ہو گئے۔ سینہ کوبی کے کتنے ہی دن ایسے گزرے۔ کتنی ہی راتیں ایسی گزریں، شمیم فاروقی بھی میرے کرم فرما تھے۔ ان کی وفات حسرت آیات کی خبر نے بھی ایسی ہی کیفیت پیدا کر دی جس سے میں حالیہ چند برسوں میں بار بار گزر رہا ہوں۔

پیچھے کی طرف مڑ کر دیکھتا ہوں تو ۱۹۸۲ء کے اپریل کا مہینہ، وہ دن، وہ شام اور وہ رات یاد آتی ہے جب مظفر پور روٹری کلب کے میدان میں ''شام فراق'' کے عنوان سے ایک آل انڈیا مشاعرہ بزم ہمنشیں کے بینر تلے منعقد کیا گیا تھا جس کے روح رواں شمیم احسن سیفی تھے۔ وہ اس زمانے میں مظفر پور کے ایڈیشنل ڈسٹرکٹ اینڈ سیشن جج کے عہدے پر فائز تھے بعد میں ترقی کرتے ہوئے پٹنہ ہائی کورٹ کے جج بھی ہوئے۔ ان کی موت بھی ملازمت کے دوران ہی ہوئی اور مجھے ان کی شفقتوں سے بھی قبل از وقت محروم ہونا پڑا۔

شمیم احسن سیفی چونکہ جدیدیت کے رجحان سے وابستہ افسانہ نگار بھی تھے اور حال ہی میں ان کے افسانوں کا مجموعہ ''ایک ورق'' طبع ہوا تھا۔ چنانچہ اس موقع کا فائدہ اٹھاتے ہوئے انہوں نے اس کتاب کا اجراء بھی کرایا۔ اجراء کی تقریب دن ہی میں منعقد ہوئی تھی اور تاثراتی تقریروں کے علاوہ مقالے بھی پڑھے گئے تھے۔ شمیم احسن سیفی نے بہار اور بہار کے باہر کے ناموروں کو کافی تعداد میں مدعو کر لیا تھا بلکہ ایک پاکستانی شاعرہ فہمیدہ ریاض بھی آ گئی تھیں۔

رات میں مشاعرے کی محفل منعقد ہوئی تو شائقین اور سامعین کا بھی سیلاب آ گیا۔ اس کی اک خاص وجہ مجروح سلطان پوری کی شرکت بھی تھی جو خصوصی مہمان کی حیثیت رکھتے تھے۔ مشاعرے کی مسند صدارت معین احسن جذبی کے لیے مخصوص تھی۔ نظامت کے افرائض ملک زادہ منظور احمد نے انجام دئے تھے اور مشاعرہ جم گیا تھا۔ پھر بھی تھوڑی بدنظمی ہو گئی تھی۔ میڈیا کے لیے نشستیں مخصوص کرنی تو دور کی بات تھی انٹرنس پر پولیس والوں کا سخت پہرہ بٹھلا دیا گیا تھا اور صحافیوں کو شناختی کارڈ دکھانے پر بھی اندر آنے سے

روک دیا گیا تھا چنانچہ ان کی ناراضگی کی وجہ سے میڈیا میں یہ نیوز ہائی لائٹ کیا ہوتی، سرے سے بلیک آوٹ کردی گئی۔ البتہ اس پورے مشاعرے کی ریکارڈنگ ہوئی تھی اور یہ ریکارڈنگ شمیم فاروقی نے کی تھی۔ یہ پروگرام تھوڑے تھوڑے وقفے پر آل انڈیا ریڈیو سے شمیم فاروقی کافی دنوں تک نشر کرتے رہے۔

میرے لیے یہ پہلا آل انڈیا مشاعرہ تھا جس میں ایسے شعراء اور سامعین کے درمیان مجھے اشعار سنانے کا موقع ملا تھا۔ شمیم فاروقی بھی بحیثیت شاعر ڈائس پر موجود تھے۔ ریکارڈنگ کے کام میں ان کے اسٹاف لگے تھے۔ اس سے پہلے میں نے شمیم فاروقی کو کبھی دیکھا بھی نہیں تھا۔ اور اس وقت تک یہ بھی معلوم نہیں تھا کہ وہ پٹنہ ریڈیو اسٹیشن کی اور دوسروس کے Pex ہیں۔ مجھے میرے اشعار پر جو داد ملی تھی وہ محض حوصلہ افزائی تھی۔ بار بار کے ریڈیو نشریے میں جو صدائے داد و تحسین سننے کو ملتی تھی، اس سے مجھ میں خود اعتمادی بڑھتی جاتی تھی۔ اسی کے زیر اثر مجھ میں جرأت پیدا ہوئی اور میں نے دو تین غزلیں پٹنہ ریڈیو اسٹیشن کی اردو سروس کے نام پوسٹ کر دیں۔ زیادہ دن انتظار نہ کرنا پڑا۔ جواب آیا تو وہ کنٹریکٹ فارم تھا جسے پر کر کے جوابی ڈاک سے بھیج دیا۔ جب ریکارڈنگ کے لیے پہنچا تو شمیم فاروقی سے باضابطہ ملاقات ہوئی۔ اور پھر تقریب کچھ تو بہر ملاقات چاہئے کہ طور پر پروگرام ملتے رہے۔ شمیم فاروقی کے زمانے میں مجھے جتنے پروگرام ملے پھر کبھی اتنے پروگرام نہ مل سکے اور ان کی کرم فرمائیاں میرے لیے ناقابل فراموش بن گئیں کیوں کہ وہ میرا ابتدائی زمانہ تھا۔ اور میری شاعری کچی پکی سی تھی اور آج بھی کیا ہے؟ شمیم فاروقی کی غزلیں دیکھتا ہوں تو اپنی شاعری سے مجھے کوفت سی محسوس ہوتی ہے۔

شمیم فاروقی کا مجموعہ غزل ''ذائقہ میرے لہو کا'' جب ۱۹۸۷ء میں شائع ہوا تو انہوں نے از راہ شفقت و محبت اس کی ایک کاپی مجھے بھی عنایت فرمائی۔ میں نے اس کے ہر شعر پر غائر نظر ڈالی اور محظوظ ہوا۔ ادھر دو تین سال قبل خیال پیدا ہوا کہ جدید تر غزل کے منظرنامے پر خامہ فرسائی کی جائے چنانچہ نصف درجن شاعروں کی غزلوں کا جائزہ لیا، صدیق مجیبی، لطف الرحمٰن اور شمیم فاروقی پر بھی ان کی زندگی ہی میں لکھا۔ صدیق مجیبی مرحوم کو تو اس کی خبر دے بھی دی تھی کیونکہ بطور خاص ان سے مسودہ منگوایا تھا۔ لیکن مضمون انہیں نہ بھیج سکا۔ کیا پتہ تھا کہ وہ میرے مضمون کا انتظار زیادہ دنوں تک نہیں کر سکتے۔ یہی کچھ جناب لطف الرحمٰن مرحوم کے ساتھ بھی ہوا۔ ان سے ملاقات تو کسی خاص تقریب بالخصوص سیمنار وغیرہ میں ہوا کرتی تھی اور آخری ملاقات ۲۳ مارچ، ۲۰۱۳ء کو بہار اردو اکادمی کے کانفرنس ہال میں ہوئی۔ ہمایوں اشرف کی کتاب ''فکشن کی بازیافت'' کا اجراء کے موقع تھا لیکن یہ ملاقات علیک سلیک تک ہی محدود رہی تھی۔ ویسے بھی میرا مضمون ان کے شایان شان نہ تھا، انہیں اس کی خبر کیا دیتا۔ اسی دوران کتابوں کے انبار میں ''ذائقہ میرے لہو کا'' بھی نظر آ گیا تو لگے ہاتھوں جو کچھ بن پڑا، اس پر بھی لکھا۔ لیکن شمیم صاحب کو اس کی کوئی اطلاع نہ دی۔ حالانکہ کبھی کبھار فون پر ان سے ملاقات بات ہو جایا کرتی تھی اور ادھر دو تین برسوں سے فیس بک پر بھی نہ صرف ملاقات

بات کا سلسلہ جاری تھا بلکہ اکثر شعری نشستوں میں بھی شرکت ہو جایا کرتی تھی۔ کبھی کبھی فی البدیہہ شعری نشستیں بھی منعقد ہوا کرتی تھیں اور ان نشستوں میں میرے عزیز سرمد احمد مجھے گھسیٹ لیتے تھے اور میں ان کی محبتوں سے مجبور ہو کر کچھ نہ کچھ کہہ دیا کرتا تھا جس کا ریکارڈ آج بھی انہیں کے لیپ ٹاپ اور انٹرنیٹ میں محفوظ ہے۔ شمیم فاروقی کا مخصوص رنگ و آہنگ اور لب ولہجہ اخیر اخیر تک اور فیس بک کے فی البدیہہ مشاعرے میں بھی برقرار تھا۔ میں ان کے شعر دیکھتا یا پڑھتا تو وہ تیس بتیس سال پہلے کے کلین شیو، میانہ قد، چھریرے بدن، گورے رنگ والے شمیم فاروقی میری نظروں میں گھوم جاتے۔ حالانکہ ادھر چند برسوں میں ان کے حلیے اور بھیس بھوسا میں کافی تبدیلی آئی تھی۔ چاندی جیسے سفید بغیر ترشے گھنے لمبے بال، جو شانے پر جھولتے رہتے، پینٹ شرٹ میں اسمارٹ دکھائی دینے والے شمیم فاروقی سفید کرتا پائجامہ اور ڈھیلے ڈھالے لباس میں پیر فقیر اور صوفی صافی انسان دکھائی دیتے تھے۔ انہیں آخری بار ۳۰ جنوری، ۲۰۱۳ء کی شب میں بہار اردو اکادمی کے کانفرنس ہال میں دیکھنے کا اتفاق ہوا تھا۔ محترمہ سمیعہ نسیم کی دو کتابوں ''حرف دل'' اور ''خوشبوئے وفا'' کے اجراء کی رسمی تقریب تھی۔ اس تقریب کے اختتام پر ڈائس پر جا کر ان سے ملا تھا، کچھ رسمی سی گفتگو بھی ہوئی تھی۔ لیکن حلیہ اور لباس سے وہ بھلے ہی معمر لگتے تھے۔ ضعف قوی سے اس عمر میں جسم جس اضمحلال کا شکار ہو جاتا ہے، میں نے ایسے آثار نہیں دیکھے۔ اور جہاں تک ان کی شاعری کا تعلق ہے، اس کے آئینے میں تو لگتا ہے کہ وہ ایسے دور دراز سفر کے لیے بہت پہلے سے تیار بیٹھے تھے۔ جہاں سے پلٹ کر کبھی کوئی واپس نہیں آتا:

چلو اب کہیں اور جا کر رہیں درختوں کو پھر سے جوانی ملے
بہت ہو چکا بادباں کھول دو سمندر کو پھر سے کہانی ملے

شمیم فاروقی نے بالآخر کشتیٔ جاں کا بادباں کھول ہی دیا اور زندگی کے لامختتم سفر پر نکل گئے جسے ہم عرف عام میں حیات بعد الموت سے تعبیر کرتے ہیں۔ وہ دنیا کے لیے ایک کہانی چھوڑ گئے جو لہو رنگ بھی ہے اور جس کا ذائقہ بھی لہو کی نمکینی رکھتا ہے۔ کھٹی میٹھی زندگی کا ذائقہ اس سے بہت مختلف ہوتا ہے اور نمکین زندگی کا ذائقہ بھی ایک خاص لطف رکھتا ہے لیکن لہو کا ذائقہ ایک ناقابل بیان تجربے سے ہم آہنگ ہوتا ہے۔

شمیم فاروقی کو جو زندگی ملی تھی وہ ادھار جیسی تھی اور زندگی دینے والا سود خوار جیسا تھا۔ شمیم لین دین کے اس رشتے کو نبھاتے رہے۔ سود کے ساتھ ساتھ مول ادا کرتے رہے۔ پھر بھی یہ وہ قرض نہ تھا جو کبھی ادا ہو پاتا۔ اس احساس نے زندگی کو بوجھ بنا کر رکھ دیا اور وہ اس سے اکتا سے گئے اور جھنجھلاہٹ بھرے لہجے میں اس طرح گویا ہوئے:

تمام عمر تعلق کا بوجھ کون سہے اسے کہو کہ چکا لے حساب کتنے ہیں

شمیم فاروقی ہر چند کہ ایک باوقار منصب پر فائز رہے۔ کتنی ہی نگاہوں کا مرکز اور کتنے ہی ضرورت مندوں کی امید گاہ بنے رہے۔ بہ ظاہر انہوں نے خوش حال زندگی گزاری لیکن ان کے ورق دل پر

غموں کی داستان مرقوم تھی جس کے مختلف ابواب اور مختلف عنوانات تھے۔ انہوں نے بڑی ہی سادگی اور معصومیت کے ساتھ ان عنوانات وابواب کو جھیلا اور سلیقے سے نباہ بھی کی۔ انہوں نے زیست کرنے کی ایک خاص ادا پائی تھی اور ایک خاص اسلوب وضع کیا تھا:

کتنے خانوں میں بانٹ رکھا ہے — میرے جینے کی یہ ادا بھی دیکھ
یہ تو سچ ہے قصور میرا تھا — سخت کتنی ہے یہ سزا بھی دیکھ

غم زندگی کے کچوں سے زخم زخم دل نے نئے موسم اور نئے رنگ و بو کی بشارت دی لیکن شمیم کھڑکیوں کو کھول کر نئے زخموں کی نئی ہوا کے آرزومند رہے۔ بیزار رہے تو اپنی صدائے گم گشتہ سے۔ زندگی کا یہ کرب ان سے اظہار کے نئے پیرائے اور بیان کے نئے اسلوب کا متمنی تھا اور انہوں نے اس کی تمنا اس انداز میں پوری کردی:

اب کے خوشبو نئے موسم کی جدا آئے گی — کھڑکیاں کھول دو زخموں کی ہوا آئے گی
اس سے کہہ دینا کہیں اور چلی جائے شمیم — ڈھونڈنے مجھ کو اگر میری صدا آئے گی

شمیم فاروقی زندگی کا کرب جھیلتے جھیلتے اذیت پسند ہو گئے تھے۔ نہ جانے کتنے حسین خواب ٹوٹے ہوں گے اور خوابوں کی کرچیاں کہاں تک بکھری ہوں گی، دل کس قدر لہولہان ہوا ہوگا مگر اسے بھی انہوں نے لذت گیر بنالیا۔ اور اس کے ذائقے کو بنیاد بنا کر نئے نئے خوابوں کی عمارتیں تیار کرتے رہے کہ یہی ان کی پناہ گاہیں بھی تھیں:

نہ ساتھ دیتے اگر تم تو اس سے کیا ہوتا — مرا شریک سفر کوئی دوسرا ہوتا
تمام دن میں یہی سوچتا رہا ہوں شمیم — اگر یہ خواب نہ ہوتے تو میرا کیا ہوتا

شمیم شکستگی خواب سے کبھی ہراساں نہ ہوئے۔ مگر خزاں رسیدہ موسم کی تخبستگی کے احساس سے اپنا دامن بھی نہیں چھڑا پائے۔ تنہائی کو اپنا مقدر بنانے پر تل گئے۔ وہ وقت جب کسی چارہ ساز، کسی غمگسار کی ضرورت کا احساس دلا رہا تھا اور کوئی قریب آنا چاہ رہا تھا کہ گرتے ہوئے کو تھام لے تو اسے بھی جھٹک دیا اور اپنے سے کسی نہ کسی بہانے دور رکھنے کی کوشش کی:

بہاریں منتظر ہوں گی اکیلے ہی چلے جاؤ — جو میرے ساتھ نکلو گے تو موسم سرد پاؤ گے
تمہارے واسطے بہتر ہے میرا ہاتھ مت تھامو — کہ اب کے تم اسے پہلے سے کافی سرد پاؤ گے

ایک انجانا سا خوف ان کے دل ودماغ میں گھر کئے رہا جس نے مقصد حیات ہی کو فوت کر دیا تھا۔ امتحان اور آزمائش کے مرحلے کس کی زندگی میں نہیں آتے، ان کی زندگی بھی قدم قدم پر نئے امتحان سے گزرتی رہی۔ منزل مقصود دو چار قدم سے آگے نہ تھی لیکن دل میں سمائے ہوئے خوف نے حوصلے کو پست کر دیا۔ نغزش مستانہ اور جرات رندانہ پر پانی پھر گیا۔ اس احساس نے بھی شمیم کو کچو کے لگائے اور اس احساس نے بھی پامال کیا کہ مقصد حیات رائیگاں گیا:

ہر مقصد حیات یہاں رائیگاں گیا　　　اب کے قدم قدم پہ نیا امتحاں رہا
وہ میری دسترس سے بہت ہی قریب تھا　　　لیکن بلا کا خوف مرے درمیاں رہا

اور خوف نے شہر خیال کی رونقیں بھی چھین لیں۔ خوابوں کی ڈالیوں پر جھولتی ہوئی رنگ برنگ کی حسین پروں والی تتلیاں اڑ گئیں۔ گھر بھی مسمار ہو گیا اور شہر بھی خاکستر بن گئے۔ سفر زندگی میں در در بھٹکتا مسافر زندگی کا مقدر بن گیا۔ آج یہاں اور کل وہاں، یہ جوگی والا پھیرا لگاتے لگاتے شمیم زندگی کے شب و روز کاٹتے رہے اور بار بار ان کے دل میں یہ خیال آتا رہا:

رنگین تتلیوں کے حسیں پر کہاں گئے　　　خوابوں میں جھولتے ہوئے منظر کہاں گئے
مدت ہوئی سنا تھا کوئی شہر جل گیا　　　ہم اس کے بعد دوستو پھر گھر کہاں گئے

احساس کی منڈیروں پر پھیلے ہوئے خواہشوں کے جال نے صدائے درد کو بھی قید کر لیا۔ موسم بہار بھی آیا، رنگ گل سے چمن آراستہ بھی ہوا۔ لیکن تختۂ گل کو سجانے والی بہار اس قدر مصروف کار رہی کہ اسے یہ بھی احساس نہ ہوا کہ دیدۂ بینا موسم خزاں کے غبار و گرد سے اتنی آلودہ ہو چکی ہے جسے بارشِ گل بھی دھو سکتی اور پیراہن گل کی ہوا بھی سکھا نہیں سکتی۔ پھر دامن نگاہ میں رنگ اور تار نفس میں خوشبو پرونے کا حاصل کیا ہوگا؟ شمیم فاروقی نے اس احساس کو جو زبان دی ہے اور خیال کو جو لباس پہنائے ہیں، وہ نغمۂ درد سے لبریز ساز کا ہر کا پردہ ہیں۔ ان کی آواز کا سوز و گداز پردۂ سماعت کو بطور خاص متاثر کرتا ہے:

آسماں سے اس زمیں تک خواہشوں کا جال تھا　　　اور ان کے درمیاں میری صدائے درد تھی
موسموں کے پھول لے کر کل جو آیا تھا اسے　　　کاش یہ معلوم ہوتا آنکھ میری زرد تھی

شمیم فاروقی ٹوٹتے اور بکھرتے رہے۔ اندر ہی اندر لیکن ریزہ ریزہ زندگی کو سمیٹ بٹور کر شیرازہ بندی بھی کرتے رہے ایک خاص سلیقے سے کیوں کہ وہ اس خیال سے غافل نہ رہے کہ مسافرانِ زندگی کو تو بہر حال زندگی کا یہ سفر طے کرنا ہی ہے چاہے جیسے بھی ہو تو پھر سلیقے سے یہ سفر کیوں نہ طے کیا جائے۔ غالباً ناکامیوں سے کام لینے کا یہ ہنر انہوں نے میر سے سیکھا تھا۔ چنانچہ شب حیات کی تیرہ و تار فضاؤں میں زندگی کے بکھرے ہوئے شیرازے کو چن چن کر دل خانہ خراب کو نئے سرے سے سجانے کی کوشش کی:

طے تو سب کو کرنا ہے ہو مگر سلیقے سے　　　زیست کے اندھیروں کا یہ سفر سلیقے سے
اس ذرا سی خواہش پر وہ بکھر گیا ہوگا　　　آج پھر سجایا ہے اس نے گھر سلیقے سے

شمیم کی زندگی گویا بے آب و گیاہ صحرا کے سفر سے عبارت تھی لیکن وہ چلتے رہے کہ یہ سفر تو ہر حال میں طے کرنا تھا۔ اس صحرا میں سمندر کا شور بلا بھی سنائی دیا جس پر ہر بار اپنی صدا کا دھوکا ہوا۔ ہمرہانِ شوق اس دشت بلا میں بلاؤں سے محفوظ نہ رہ سکے۔ اہل جنوں کا مقدر صحرا نوردی اور آبلہ پائی رہا ہی ہے۔ یہ کوئی ایسی بات نہ تھی لیکن جس کے پائے دل و نگاہ میں بھی چھالے سے پڑ گئے ہوں، اس کا حشر یقیناً دوسروں سے

بالکل مختلف ہوگا:

کل رات سمندر میں تھا اک شور بلا کا — ہر بار مجھے دھوکا ہوا اپنی صدا کا
مجروح ہوئے یوں تو سبھی دشت بلا میں — کچھ حشر ہوا اور مگر آبلہ پا کا

اوراس حشر کا منظر بھی اپنی صوری جہات اور معنوی کیفیات کے ساتھ نمایاں ہوا:

کچھ لوگ آس پاس تھے تسکین کے لیے — اب کے بڑے سکون سے جلتا رہا مکان
صحرا کی خاک چھان کے کیا مل گیا شمیم — اک جسم بچ گیا تھا سو وہ بھی لہولہان

لیکن اس لہولہان جسم کے باوجود شمیم نے شب زیست کی نوحہ خوانی سے دانستہ طور پر گریز کرنے کی کوشش کی کہ ساری عمر تو رونے کے لیے پڑی ہی تھی۔ ہنسنے کی تقریب منعقد ہوتو اس موقع کو ہاتھ سے جانے نہیں دینا چاہیے۔ اس لیے انھوں نے کاروانِ حیات کو حوصلہ دینے کے لیے ایک خواب سمندر کی تشکیل بھی کرلی:

رونے کے واسطے تو پڑی ہے تمام عمر — اتنے دنوں کے بعد ملے ہیں ہنسو بھی تو
آواز خود ہی دے گا سمندر تمھیں شمیم — دو ہی قدم سہی مگر آگے بڑھو بھی تو

غم کے ماروں کے سلسلے سے خود کو منسلک کر کے اس خیال کو اور بھی تقویت پہنچانے کی کوشش کی:

جان دے دوں وہ چاہتا ہے یہی — اور اپنا بھی فیصلہ ہے یہی
اس کنارے سے اس کنارے تک — غم کے ماروں کا سلسلہ ہے یہی

اس دوران وہ حال کی تیرگی کو ماضی کی دھوپ سے دھونے کی کوشش کرتے رہے، وہ دھوپ جو دو پہر کی کڑی دھوپ تھی اور بھی گرانبار خاطر ہو چکی تھی۔

کیا ہوگیا جو حد نظر تک ہے تیرگی — ہم ساتھ لے کے آئے ہیں اب کے سفر کی دھوپ
تنہا نکل پڑے تھے کسی کی تلاش میں — گرچہ بہت گراں تھی کڑی دو پہر کی دھوپ

شمیم فاروقی نے غم زیست کی نوحہ گری میں اپنے آنسوؤں کی نمی ہی نہیں نمکینی بھی گھولی ہے اور یہ لہو کے ذائقے میں گھل مل کر ایسی بامزہ ہوگئی ہے کہ اس کے آگے داستانِ حسن و عشق کے بوس و کنار کی لذت بھی بے کیف محسوس ہوتی ہے۔ یہ میرا ذاتی احساس ہے اور میں اس احساس کی تکمیل ذرا سی ترمیم کے ساتھ شمیم ہی کے درج ذیل قطعہ سے کرنا چاہتا ہوں:

رو رو کے سہی وقت کی تلوار تو کاٹی — اس دور میں جینا کوئی آساں تو نہیں تھا
دکھ اس نے اٹھائے تھے مگر یہ بھی تو سوچیں — دنیا کی نظر میں وہ پریشاں تو نہیں تھا

## ● علی احمد فاطمی

# فطرت اور حقیقت کا شاہکار ...''شکست''

پریم چند نے ایک مضمون میں لکھا ہے۔

''ناول کو اپنا مواد الماری میں رکھی کتابوں سے نہیں بلکہ ان انسانوں سے لینا چاہئے جو چاروں طرف پھیلے ہوئے ہیں۔''

اور پریم چند نے یہ کر کے دکھایا۔ان کے ناولوں کے مواد بند الماری سے نہیں لئے گئے ہیں۔ان کے کردار چاروں طرف پھیلے ہوئے ہیں......نہ صرف گاؤں، دیہات،قصبات میں بلکہ پوری کائنات میں،جس سے ناول کی دنیا نہ صرف آباد ہوئی بلکہ پھیل گئی......انسانی فطرتوں اور سماجی وسعتوں میں......اور اس کی تقلید کی ترقی پسند ناول نگاروں نے......اپنے اپنے منفرد انداز میں۔ پریم چند سے الگ ہونے کے لئے اور ناول کے سفر کو آگے بڑھانے کے لئے یہ انفرادیت ضروری بھی تھی۔اسی سلسلے کا ایک کامیاب قدم ہے کرشن چندر کا پہلا ناول ''شکست'' (۱۹۴۳ء) جس نے رومان اور فطرت کا لبادہ اوڑھ لیا ہے۔لیکن یہ اصلاً ایک سماجی ناول ہے۔ ہر چند کہ اس سے قبل ''لندن کی ایک رات''، ''گریز'' اور ''گئو دان'' جیسے ناول کامیابی کا ریکارڈ توڑ چکے تھے اور ساتھ ہی ناول کے فکری اور تکنیکی سفر کو آگے بڑھا چکے تھے۔ایسے میں کرشن چندر نے اپنا پہلا ناول لکھتے ہوئے اس کی خصوصیت اور انفرادیت کے بارے میں ضرور سوچا ہوگا۔ بقول عبدالسلام صدیقی:

''یہ اس دور کا ناول ہے جب سرمایہ دارانہ نظام اپنے پورے شباب پر تھا اور آزادی کی جدوجہد تیز تھی۔ سیاسی اور سماجی تحریکیں مسلسل چل رہی تھیں۔ان کا مقصد صرف آزادی حاصل کرنا تھا۔''

آزادی صرف سیاسی نہیں بلکہ سماجی بھی......اخلاقی اور انسانی بھی۔ یہ بات اردو فکشن میں ایک مخصوص رومانی اور اشتراکی انداز میں سب سے پہلے کرشن چندر نے سوچی......جیسے شاعری میں فیض نے سوچی اور صبح آزادی کے اُجالے میں داغ دیکھ لیا۔اسی طرح کرشن چندر، جوان دنوں کشمیر میں تھے،انھوں نے کشمیر کی خوبصورتی میں بدصورتی دیکھ لی کہ جس طرح فطرت آزاد ہے......ہوائیں، بادل، چرند، پرند آزاد ہیں لیکن خدا کی سب سے بڑی مخلوق حضرت انسان اور غریب انسان کئی طرح کی بیڑیوں میں جکڑا ہوا ہے۔ وہ فرسودہ روایات، ذات پات، امیری غریبی وغیرہ کا قیدی ہے۔ایک سرمایہ دار کا پورے گاؤں،قصبہ اور

تحصیل پر قبضہ ہے۔ چنانچہ محبت بھی قید ہے اور جذبہ وشعور بھی۔اسی لئے کرشن چندر کے اکثر ناول رومان اور فطرت کے حوالے سے سماج کے پیچ وخم کو پیش کرتے ہیں۔ یہ ناول اسی اسلوب فکر اور اسلوب بیان میں ڈھلا ہوا ہے۔جیسا کہ عرض کیا گیا کہ یہ ناول بظاہر رومانی ہے اور دونو جوان محبتوں کی ناکامی ہے کہ کرشن چندر بغیر رومان کے کوئی قدم نہیں اُٹھاتے ،خواہ موضوع کتنا ہی خارجی اور سماجی ہو، اس لئے کہ انہیں احساس ہے کہ وہ سماج اور سیاست پر کوئی موضوعاتی کتاب نہیں لکھ رہے ہیں اور ناول کا پہلے ناول ہونا لازمی ہے۔اس کے کچھ اپنے تقاضے ہوتے ہیں۔لیکن وہ بڑی ہنرمندی سے رومان سے حقیقت اور حقیقت سے اشتراکیت تک پہنچتے ہیں۔

ناول ''شکست'' تین حصوں میں تقسیم ہے......تخیل،عمل اور زہرآب۔ پہلے باب کی ابتدا ایک نوجوان کردار شیام سے ہوتی ہے جو ایک خوبصورت وادی سے گزر رہا ہے۔خوبصورت وادی، پیاس اور چشمے کی تلاش۔ چشمہ تو مل گیا لیکن کسی کا ایک جملہ اسے چونکا گیا۔

''اس چشمے میں جونکیں ہیں راہی۔'' ایک معنی خیز جملہ جو ایک دوشیزہ کا تھا جس کی دوشیزگی میں اس کی چونکاہٹ دب گئی۔لیکن اسی دوشیزہ نے آگے بڑھ کر ایک اور معنی خیز جملہ کہا۔

''اس چشمے میں جونکیں ہیں جو اندھیرے میں پانی پینے والے اجنبیوں کے حلق میں پھنس جاتی ہیں یا ناک میں چلی جاتی ہیں اور کبھی کبھی دماغ میں بھی۔'' اجنبی نے سوال کیا۔

''اگر جونک دماغ میں پہنچ جائے تو پھر کیا ہوتا ہے؟'' وہ بولی۔

''وہی ہوتا ہے جو درخت کو دیمک لگ جانے سے ہوتا ہے۔درخت گر جاتا ہے، دیمک باقی رہتی ہے۔''

دیکھا جائے تو یہ ایک بلیغ اشارہ ہے جو پورے ناول کی تمہید کے طور پر آتا ہے اور تلخیص پیش کر جاتا ہے۔ پانی پینے والا نوجوان شیام ہے اور پلانے والی چندرا۔ایک کردار غلام حسین کا بھی ہے جو اس لڑکی سے تعارف کراتا ہے۔تعارف کا یہ انداز دیکھئے،

''یہ لڑکی بڑی حرامزادی ہے۔کسی سے بیاہ نہیں کرتی۔کسی کے قابو میں نہیں آتی۔اس کی بیوہ ماں کو پٹواری تین ہزار روپے دیتا تھا۔اس قیمت پر یہ گھوڑی بری نہ تھی۔ پر یہ کمبخت نہ مانی۔گاؤں والوں نے ان دونوں ماں بیٹی کو گاؤں سے باہر نکال دیا ہے۔'' سزا کی ایک وجہ یہ بھی تھی کہ اس کی ماں نے برہمن ہو کر ایک چمار سے شادی کر لی تھی۔ چندرا اسی کی لڑکی ہے اور میں ہی رومانی کہانی میں ذات برادری کا مسئلہ داخل ہو گیا اور چشمے کے پانی میں جونک نکل آئی۔ ہر خوبصورت منظر میں بدصورت منظر بھی ہے اور یہ صرف اس ناول کا ہی نہیں،کرشن چندر کے تقریباً پورے تخلیقی ادب کا مرکز ہے۔دراصل وہ ان خوبصورت علاقوں، وادیوں، کہساروں وغیرہ میں پنپتے ہوئے بدصورت غیر انسانی وغیر اخلاقی صورتوں کو پیش کرتے ہیں

لیکن فکشن کی تزئین کاری اور بے مثال منظر نگاری اکثر کمزور قارئین کو اس لامنظری یا بدصورتی تک پہنچنے نہیں دیتی جو کرشن چندر کا اصل مقصد ہے اور جو نظریۂ ادب اور نظریۂ حیات بھی ہے۔شیام کی گھر واپسی......ماں، باپ، بہنیں......گاؤں کی بزرگ عورتوں سے ملاقات۔قصہ کی ابتدا تو شیام اور ونتی کی رومانی ملاقات سے ہوتی ہے جو بے حد خوبصورت انداز میں محبت کا روپ دھار لیتی ہے۔ظاہر ہے کہ رومان اور محبت کی فضا ہے تو انداز و اسلوب مختلف ہوگا ہی اور وہ بھی کرشن چندر کا اسلوب جو اپنے ہمعصروں سے جداگانہ ہے۔جس میں طلسم ہے لیکن یہ طلسم اس وقت ٹوٹتا ہے جب سماج اور سماجی نظام سامنے آتا ہے۔یہ جملے دیکھئے:

''سچ ہے، محبت کو بھی روٹی کی حاجت ہے......عشق کو بھی روٹی چاہئے۔''اور یہ سفاک جملہ بھی:

''یہ براہمن لوگ بڑے ظالم ہوتے ہیں۔''اور ونتی کا تعارف اس انداز میں:

''ایمان کی بات کہ یہ عورت بڑی جی دار ہے۔کیا مجال ہے کسی کے سامنے دبے۔''

کشمیر کے خوبصورت ماحول میں گلاب کی طرح خوبصورت لڑکیوں کے علاوہ غریب طبقہ کی ایسی بھی عورتیں ہیں جن کی زندگی عجیب وغریب ہے۔مسائل، ظلم وستم اور فاقہ کشی انسان کو کیا سے کیا بنا دیتی ہے......خواہ وہ عورت ہی کیوں نہ ہو، اس لئے کہ ان کے درمیاں پنڈت سروپ کشن اور ماسٹر امجد حسین جیسے لوگ بھی رہتے ہیں۔پنڈت سروپ کشن کا تعارف ایک عورت کے ذریعہ یوں سامنے آتا ہے۔

''میں نے اپنی زندگی میں ایسا کمینہ آدمی کبھی نہیں دیکھا۔یوں جب دیکھو ماتھے پر تلک، سفید براق اچکن، صافہ گلے میں حمائل، لبوں پر متین مسکراہٹ، ہمیشہ بگلا بھگت نظر آتے ہیں۔لیکن بابو جی کیا بتاؤں، بس کچھ نہ پوچھئے، بڑا بدچلن ہے۔''

نائب تحصیلدار علی جو کی آمد......طب، فلسفہ اور ادب پر عمدہ گفتگو......شکاریات پر بھی لیکن ان امور پر کی جانے والی گفتگو پُر از معلومات تو ہے ہی، ناول کے اصل موضوع سے اشارتی تعلق بھی رکھتی ہے کہ اسی گفتگو کے توسط سے سیاسی بیداری کا رشتہ استوار ہوتا ہے ۔اور پھر ایسے جملے:

''رعیت اپنے آپ کو رعیت نہیں سمجھتی۔''

''عوام میں سیاسی بیداری پھیل رہی ہے۔''

''شروع سے چند لوگ بہت سے لوگوں پر حکومت کرتے آئے ہیں۔ہمیشہ سے، چاہے یہ حکومت جاگیردارانہ ہو یا جمہوریت یا آمریت......''

''حکومت چاہے وہ کیسی ہی ہو جبر واستبداد کے بغیر ایک لمحہ نہیں جی سکتی چاہے یہ حکومت جمہوری ہو یا اشتراکی......''

علی جو نائب تحصیلدار ہے۔وہ حاکموں کی حمایت میں عوام کی گھیرابندی پر پرانے خیالات رکھتا ہے۔بدلتے ہوئے حالات کے حق میں نہیں ہے لیکن شیام نئے خیالات کا ہے۔وہ علی جو کی گفتگو سے نہ

صرف غیر مطمئن ہے بلکہ بے چین ہو اُٹھتا ہے کہ انسانی سماج کی گھیرا بندی اسی طرح ہو جس طرح شکار میں جنگل کے جانوروں کو گھراؤ ہوتا ہے اور لاٹھی اور بندوق چلائی جاتی ہے.....صرف شکار کے لطف کے لئے .....صرف حکومت کے عیش کے لئے ۔شیام ایک اضطرابی کیفیت سے دوچار ہوتا ہے اور اپنے آپ سے سوال کرتا ہے۔

''کیا یہ ضروری ہے کہ حکومت ہو؟ کیا انسان کی زندگی حکومت کے بغیر نہیں ہوسکتی ؟ کیا ابھی تک انسان کو خوف کا احساس کرائے بغیر اس سے اچھا کام نہیں کروایا جاسکتا ؟''

خیالات اور بھی ہیں .....گڈ مڈ..... اُلجھے ہوئے لیکن جسے اُلجھایا انسان نے ہی ۔ بڑھتے ہوئے علم نے ......علم کے غلط استعمال نے .....ترقی پسند خیالات نے بھی ۔ پھر بھی جبر واستبداد کی کمی نہیں ہوئی بلکہ بڑھتی ہی گئی.....ترقی وتبدیلی کے نام س ء۔لیکن ایک فنکار کی سوچ کچھ یوں سامنے آتی ہے:

''کیا کوئی ایسی حکومت ہوسکتی ہے جو حکومت نہ ہو، جو جبر پر قائم نہ ہو۔ جہاں دنیا کے آزاد انسان ایک آزاد انداز سے ایک دوسرے سے آزاد تعاون کرسکیں۔''

اور پھر نوجوان انقلابی کا یہ خیال بھی:

''شاید اس منزل مقصود تک پہنچنے کے لئے انہیں اشترا کی رہ گزار پر چلنا ہوگا۔'' لیکن ابھی اس میں ''شاید'' لگا ہوا ہے۔ اس لئے علی جو جیسے تحصیلدار یا حکومت میں بیٹھے ہوئے لوگ اس راہ میں رکاوٹ ہیں۔ اس اضطراب یا پیچ وتاب کے عالم میں شیام کی جو کیفیت ہوتی ہے اسے مصنف اپنے مخصوص منظریہ صلاحیت کے ذریعہ یوں پیش کرتے ہیں:

''وہ خیمے کا فلیپ کھول کر باہر نکل آیا کیونکہ خیمے کے اندر اسے اپنا دم گھٹتا ہوا معلوم ہورہا تھا اور ایک آرام کرسی پر دراز ہوگیا۔ سامنے دوسری کرسی پر نائب تحصیلدار کا شکاری کتا اونگھ رہا تھا۔ اس کی آہٹ پر چونکا، غرایا، پھر اسے پہچان کر اُس نے کان ڈھیلے چھوڑ دیئے اور اسی طرح اونگھنے لگا۔ آگ کے حلقے سے ہلکا سا دھواں بلند ہورہا تھا۔ کبھی کبھی شعلوں کی زبانیں اوپر لپک جاتیں۔''

کتے کا اونگھنا، غرانا، پھر اونگھنے لگنا۔ اسی طرح آگ سے دھواں اور کبھی کبھی شعلوں کی لپک ......یہ سب استعارے ہیں جو شیام کی ذہنی کیفیت کو تو ادا کرتے ہیں، اس کے خیالات کے زیر و بم اور کیف و کم کو بھی استعاراتی انداز میں ادا کر جاتے ہیں۔ اسی لئے کہا جاسکتا ہے کہ کرشن چندر کی منظر نگاری محض منظر نگاری یا لفاظی نہیں ہوتی بلکہ اس میں ایک خاص اشاراتی کیفیت پنہاں ہوتی ہے جو معنی میں نازک اور لطیف اضافہ کرتی چلتی ہے اور تخلیقیت میں بھی فکر و خیال کو جمال وجلال کا باریک سا لبادہ پہناتی چلتی ہے۔ بس اس کیفیت سے دوچار ہونے کی ضرورت ہے۔ کہانی شکار اور شکاریوں، کئی افراد و واقعات کے درمیان سے گزرتی ہوئی اس طرح کے جملوں سے رقم کرتی ہے۔

''لیکن وقت تو تیتر کی اُڑان ہے۔ ایک دفعہ زد سے نکل گیا تو پھر قابو میں نہیں آتا۔''

''سفر کی تھکن ایک سانپ کی کینچلی کی طرح اس کے جسم سے اُتر گئی۔''

''اس نے اپنے لب چشمے کی سطح سے ملا دیئے جیسے وہ چشمے کی دوشیزہ کے لب چومنا چاہتا ہو۔''

''اُس کے اندر وحشی انسان پھر جاگ گیا تھا۔ یہ جنگل کا ہی معجزہ تھا۔ اس کے ساتھ یہ بھی معلوم ہو کہ اس کی سینکڑوں سال کی محنت سے حاصل ہوئی تہذیب کا ملمع کتنا پتلا تھا۔''

اس گاؤں اور جنگل میں بربریت ہے تو محبت بھی...... راجپوت کا وچن بھی اور اچھوت لڑکی کا پیار بھی۔ محبت ہی ایک ایسا جذبہ ہے جو ذات پات نہیں دیکھتا۔ موہن اور اچھوت لڑکی۔ لیکن اصل کہانی تو شیام کی ہے۔ پڑھا لکھا ترقی پسند نوجوان جو کرشن چندر بھی ہوسکتا ہے...... جس کا رشتہ طے ہوا ہے لیکن وہ تو کسی اور دنیا کا مسافر ہے۔ آسمان کی سپیدی اور بلندی پر اُڑتا ہوا پرندہ جو زمین کو محبت و مساوات کی نگاہ سے دیکھتا ہے۔ شاید اسی لئے ناول کی ابتدا جنگل سے ہوتی ہے...... شکار سے ہوتی ہے کہ یہ زمین، یہ سماج بھی جنگل ہو چکا ہے جہاں سب ایک دوسرے کا شکار کر رہے ہیں۔ لیکن وہ غالب کو پڑھتا ہے۔ دنیا کے حسن اور بجس کو سمجھتا ہے۔ رجائیت پر یقین رکھتا ہے۔ اُمید و نشاط پر اسی لئے سیاہ بادلوں میں بھی اُسے لالی نظر آتی ہے:

''مغربی اُفق کی لالی میں سلسلۂ ہائے کوہ کی چوٹیوں کی لکیریں اس قدر صاف نظر آتی ہیں گویا کسی نے پنسل سے ان چوٹیوں کو واضح کر دیا ہو۔ آہستہ آہستہ یہ لکیریں مدھم ہوتی گئیں۔ مغربی آسمان پر بادلوں کا رنگ مٹیالا ہو گیا۔ ہاں، اسی مقام پر جہاں سورج غروب ہوا تھا، بادلوں کے درمیان اب تک سنہری کھڑکی سی بنی نظر آتی ہے۔ شاید نیلے آسمان نے اس دنیا کے لوگوں کو مدعو کرنے کے لئے یہ کھڑکی کھول تھی۔''

اتنے خوبصورت منظر میں ایک شور بلند ہوتا ہے...... ایک انسانی شور۔ انسان اور جانور کے درمیان تکرار جو انسان اور انسان کے درمیان بدل جاتی ہے۔ جو ایک فطری عمل ہے لیکن فطری عمل میں کچھ دشواریاں تو ہوتی ہی ہیں۔ بقول علی جو:

''سینکڑوں برسوں کے آزمائے رسم و رواج کو دو چار کتابی نظریوں سے نہیں جھٹلایا جا سکتا۔'' مغربی تعلیم عمدہ تو ہے لیکن وہاں بھی ایسا نہیں ہے کہ لارڈ کا لڑکا کسی مزدور لڑکی سے شادی کر لے۔ سب لوگ اپنے اپنے دائروں میں رہ کر شادی بیاہ کرتے ہیں۔ موہن راجپوت ہے۔ وہ اچھوت لڑکی چندرا سے عشق کرتا ہے جس کی پاداش میں چندرا کو سماج سے نکال دیا جاتا ہے۔ موہن کو نکالنے کی کسی میں ہمت نہیں اس لئے کہ وہ راجپوت ہے۔ سماج ایسا ہی کرتا آیا ہے اس لئے کہ سماج:

سماج بڑی بھاری طاقت ہے۔ سماج انسان کی اجتماعی عقل اور قوت کا دوسرا نام ہے۔ سماج سے انحراف کسی صورت میں اچھا نہیں ہوسکتا۔''

معاشرت، مذہب، محبت سے متعلق دنیاداریء کی باتیں...... ترقی کی راہیں...... سمجھوتے۔ لیکن

شیام ان سب سے الگ ہے۔ وہ حرکت، اضطراب اور بغاوت پر یقین رکھتا ہے۔ اس کا خیال ہے کہ اسی حرکت اور بغاوت کی وجہ سے ہی ہزاروں سال کے سماج نے ترقی کی ہے۔ خود مذہب کے پیغمبر بھی باغی ہی تھے اور یہ سوال ...... اگر زندگی ایک جگہ جم کر بیٹھنے کا نام ہے تو پھر موت کسے کہتے ہیں۔ اگر انسان کے دل میں اس فطری بغاوت کا شعلہ بلند نہ ہوتا تو شاید وہ آج اسی طرح جنگلوں میں لنگوروں کی طرح دُم لٹکائے ہوئے درختوں پر چھلانگیں بھرتا۔ دو طرح کے خیالات، دو رویے اور نظریئے اور دو نظام زندگی اور ان دونوں کے درمیان انسان کی ازلی محبت جو شیام کے ساتھ وقتی شکل میں اُبھرتی ہے۔ جس کی ایک محبوبانہ ہنسی کے آگے سارے فلسفے ہیچ ہو جاتے ہیں، وہ بھی فطرت کی آغوش میں کہ انسان کی فطری جبلت دنیا کی ایک بڑی حقیقت ہوا کرتی ہے۔ کرشن چندر کا کمال یہی ہے کہ ان کی تخلیق میں فطرت، محبت اور حقیقت باہم شیرو شکر ہو کر خلاقانہ انداز میں اُبھرتے ہیں۔ زبان کی دلکشی، منظر نگاری، فطرت کی تصویر کشی ...... یہ سب بے حد فنکارانہ تو ہیں لیکن یہ بھی کہ یہ سارے عناصر خارجی ہیں۔ وہ ان تمام خارجی عناصر سے فکر اور فطرت کا اندرونی رشتہ اُستوار کرتے ہیں۔ انسان کے باطن اور سماج کے اندرون کی نفسیات پیش کرتے ہیں، جن میں سوزش ہوتی ہے اور خلش بھی اور اگر ایسا نہ ہو تو پھر یہ سارے خارجی عناصر بے کیف اور بے معنی ہو کر رہ جائیں۔ غالباً اسی کو رومانی حقیقت نگاری کا نام دیا گیا ہے جو کبھی کبھی دو قدم آگے بڑھ کر اشتراکیت کا لبادہ اوڑھ لیتی ہے اور وہ باب جس کا عنوان تخیل ہے، نیم جذباتی اور نیم نظریاتی کیفیت میں ختم ہوتا ہے۔ دوسرے باب میں عمل کی روانی اور کہانی ہے کہ عمل سے ہی رومان سر اُٹھاتا ہے اور حقیقت سے جا ٹکراتا ہے۔ زندگی کے ان تضادات اور تصادمات سے ہی ایسے تصورات کا وجود قائم ہے۔ اس حصے کا مرکزی کردار پنڈت سروپ کشن ہے۔ جاگیردار، زمیندار، مذہب کا ٹھیکے دار ...... غرض وہ سب کچھ جس سے گاؤں والے دہشت میں مبتلا ہو جاتے ہیں۔ بے حد وجیہ اور شاندار شخصیت کے مالک ہیں۔ لیکن ہیرو شیام حیران ہے کہ: ''اس خوبصورتی کے اندر اتنی سیاہی کیسے ہو سکتی ہے۔'' پھر ان کی بیوی کا تعارف، پھر گاؤں کا دلچسپ تعارف ...... ان کے عقائد کا بطور خاص لیکن یہ بھی کہ: ''ان کے چہروں سے ان کے خالی الذہن ہونے کا پورا اندازہ ہو جاتا تھا۔'' ''مذہبی سماج کی روایت پرستی اور جاہلیت ان پر پورے طور پر عیاں نظر آتی تھی۔'' ایسے لوگوں کے درمیان پنڈت سروپ کشن ایک منصوبہ پیش کرتے ہیں۔ لیکن اس سے قبل یہ جملے:

''سجنو! جیون دو دن کا میلہ ہے۔ اسے ہنسی خوشی گزار دو۔ لیکن اس کے ساتھ تمہارا فرض ہے کہ زندگی کے اس میلے میں اپنے دھرم سے غافل نہ ہو جاؤ کیونکہ دھرم سے مکتی پراپت ہوتی ہے۔'' سبھی مذہبی ٹھیکیداروں نے بھرپور تائید کی حالانکہ اس میں کئی ایسے لوگ بھی تھے جو شلوک کا مطلب نہ سمجھتے تھے۔ جن کا اول ایمان روپیہ تھا اور آخری ایمان بھی روپیہ ...... لیکن دھرم کی حفاظت کے لئے سب کچھ کرنے کو تیار تھے۔ اسی لئے وہ پنڈت سروپ کشن کے ہم نوا تھے اور ہمہ تن گوش بھی۔ ان کی اس مصلحت آمیز دنیوی توجہ کو

دیکھ کر بقول مصنف:

''پنڈت سروپ کشن کی بھویں اور بھی تن گئیں۔غلافی پپوٹوں کے نیچے آنکھیں اور بھی بے چین ہوگئیں۔چندن کا ٹیکہ جیسے آگ کا شعلہ بن کر چمکنے لگا۔کہنے لگے،دھرم کی حفاظت کرنا آپ سب کا فرض ہے۔''ایک اور بھر پور تائید کی صدا گونجی اور پھر دنیوی مقصد یوں سامنے آیا۔پنڈت جی گرج کر بولے:

''وہ بدمعاش چندرا جسے ساری برادری اور آپ نے اس کی ماں کے ساتھ باہر نکال دیا ہے،آج پھر اسی گاؤں میں آکر ایک راجپوت کا دھرم بھرشٹ کر رہی ہے۔کیا آپ لوگوں کی آنکھیں پھوٹ گئی ہیں؟ ایک راجپوت گھرانے کا ستیاناس ہو رہا ہے اور آپ لوگ اس طرح آنکھیں بند کئے بیٹھے ہیں۔وہ مسلمان ڈاکٹر بھی اس اچھوت عورت کی طرفداری کر رہا ہے اور آپ لوگ سب دیکھ رہے ہیں اور چپ سادھے بیٹھے ہیں۔اگر یہی حال رہا تو ایک دن اس دھرتی پر ہمارے دھرم کا ناش ہو جائے گا اور اس گاؤں پر پرماتما کا قہر نازل ہوگا۔''اور مصنف کا یہ جملہ بھی:

''ساری محفل کانپ رہی تھی۔صرف مہاجن لوگ نہایت اطمینان سے بیٹھے ہوئے تھے۔''محفل کا کانپنا اور مہاجن کا خاموش رہنا بے حد معنی خیز ہے۔اور پھر دھرم کے نام پر ایک سازش رچی جاتی ہے اور کہانی آگے بڑھتی ہے۔موہن چندرا کا عاشق......ذات پات کا فرق......دھرم کو سنکٹ میں آنا ہی تھا۔اس سے زیادہ پنڈٹ کا وقار،اقتدار اور اس نچلی ذات کی عورت سے پنڈٹ کا پوشیدہ پیار......لیکن اسی سنگین ماحول میں پنڈت کی بیوی کا کسی اور سے پیار۔پیار نہ دیکھے ذات اور پات......جیسے بھوک نہ دیکھے باسی بھات۔ایک طرف سماج میں ایسے لوگ ہیں......دقیانوسی......خود غرض اور ہوس پرست۔دوسری طرف شیام ہے،نئے خیالات کا شیام جو مزدورنی سیداں سے خلوص رکھتا ہے۔درمیان میں ایسے بامعنی تخلیقی جملے بھی ملتے ہیں جو ناول کی معنویت اور رفتار میں اضافہ کرتے ہیں:

''بے چاری سیداں!مزدور عورت کی جوانی کیا ہے۔سچ مچ ڈھلتی پھرتی چھاؤں ہے۔اور دو دن میں ساری آب اور چمک جاتی رہتی ہے۔اس میں شک نہیں کہ فطری حسن مشاطگی کا اس قدر محتاج نہیں ہوتا اور مزدور عورت کی جوانی اور خوبصورتی دیر تک قائم نہیں رہنی چاہئے کیونکہ وہ مزدور ہے،کام کرتی ہے۔اوپر کے طبقے کی عورتوں کی طرح غازہ پاؤڈر کے فیشنوں غرق نہیں رہتی۔''یہ جملے تو مصنف کے ہیں لیکن شیام کی سوچ قدرے مختلف ہے۔وہ اس طرح سے سوچتا ہے:

''اگر ایسی عورت کو دن بھر مشقت کرنے کے بعد پیٹ بھر کھانا نہ ملے تو پھر؟شیام نے ایسی عورت نہ دیکھی تھی جو کھانا پکائے بغیر اپنے حسن کی آب و تاب کو برقرار رکھ سکتی ہو۔گو بعض لوگوں نے ذہن میں سچی خوبصورتی یہی معراج رکھی ہے۔''پھر کچھ اور کارآمد،ترقی پسند طنز آمیز جملے جو ظاہر ہیں کرشن چندر کے ہیں......ترقی پسند کرشن چندر کے کہ عورت کے وجود سے متعلق اس عہد تک ایسے حقیقت پسندانہ خیالات

اردو ناول میں نہ کے برابر تھے۔عورت صرف حسین ہوتی ہے، مجبور نہیں۔عورت کے پاس صرف رخسار ہوتے ہیں، پیٹ نہیں۔اس غلط سوچ یا عدم توازن احساس کے لئے شیام کی ایک ہی سوچ تھی:

''اس کے لئے شاید اس سماج کے سارے نظام کو بدلنا ہوگا۔اگر دنیا میں وہ خوبصورت چاہتا ہے تو یہ خوبصورتی بھی موجودہ جاہل نظام کو تبدیل کئے بغیر حاصل نہ ہو سکتی تھی۔حسین عورت کے خوبصورت ہونٹوں کا ذکر کرتے ہوئے اُن ہونٹوں کے اندر پنہاں بھوک کا ذکر کرنا بھی ضروری ہوگا۔''لیکن بھرے پیٹ کے لوگوں کی حکومت تو بھوک پر ہی ہوتی ہے...... مفلسی اور ناداری پر......اور وہ اسی لئے اس کو برقرار رکھنا چاہتے ہیں۔نظام میں کوئی تبدیلی نہیں چاہتے۔اور پھر شیام اور سیداں کے درمیان موہن اور چندرا کا قصہ داخل ہوتا ہے۔ناول کا اصل قصہ بلکہ وہ منصوبہ جو بقول سیداں:

''یہ پنڈت سروپ کشن بڑا چالاک ہے۔ایسی سازش کھڑی کرتا ہے کہ اس کے جال سے کوئی نہ نکلے۔''

شیام بے حد فکرمند تھا۔اب چاندنی بھی پھیکی تھی اور بادلوں پر بھی میلا غلاف چڑھا ہوا تھا ۔درختوں کی شاخیں بھی ساکت تھیں۔جمود کا یہ منظر احساسات کی تصویر بن کر ناول کی سنگینی اور کہانی کو حساس اور معنی خیز بناتا چلتا ہے اور یہی کرشن چندر کے اسلوب کی خوبی ہے کہ وہ منظروں سے بھی کہانی کو بُنتے چلتے ہیں۔منظروں کی یہ بے منظری شیام کی بے چینی کا استعارہ بن کر اُبھرتی ہے۔بات صرف شیام اور کشن کی نہ تھی بلکہ پرانی اور نئی سوچ کی تھی۔قدروں کی تھی اور اس سے زیادہ اقتدار کی تھی یہ بات۔یہ بات ابتدا میں شیام سمجھ نہیں پاتا اسی لئے بار بار اپنے آپ سے سوال کرتا ہے:

''کس لئے سروپ کشن یہ ہاری ہوئی بازی لڑ رہا ہے؟ کس طرح وہ سازش اور مکروفریب کے داؤ چلا کر تاریخ کے اس بہاؤ کو روکنے کی کوشش کر رہا ہے جو ایک سیلاب عظیم کی صورت میں جمہور کے ضمیر پر چھا رہا تھا اور پرانی قدروں اور روایتوں اور ریتوں کو خس و خاشاک کی طرح بہائے جا رہا تھا۔''اور اس مقام پر کرشن چندر جذباتی ہو کر شیام کی زبان میں کچھ زیادہ ہی ترقی پسند ہو جاتے ہیں۔عالم تنہائی اور بستر خواب پر بھی کبھی کبھی ایسا بھی ہوتا ہے۔شاید اسی لئے وہ کبھی شیام اور چندرا کی زبان سے ایسے جملے لکھ جاتے ہیں:

''اسے (چندرا) گاؤں والوں، برادری، مہاجنوں، برہمنوں، سرکاری عہدے داروں اور پنڈت سروپ کشن پر اعتبار نہ تھا۔سب ظالم تھے۔''اور اس نوع کا جملہ:

''پرماتما گواہ ہوتے تو برادری ہماری شادی کیوں نہ تسلیم کرتی۔لیکن پرماتما کی گواہی آجکل کوئی نہیں مانتا۔برادری کی رضامندی ہونی چاہئے۔''لیکن چندرا میں بغاوت کا مادہ ہے اس لئے کہ وہ جوان ہے اور موہن کی محبت میں شرابور لیکن اس کی ماں بوڑھی ہے، تجربہ کار ہے اور برادری سے خوف زدہ ہے۔لیکن کرشن خوف کو جلد ہی رومان میں بدل دیتے ہیں۔چندرا اور نوراں کے غسل کے منظر میں آزادی کی کھلی دھوپ ہے اور ماں کی نظروں میں خوف کا دھواں۔یہی رنگ سماج کے ہوا کرتے ہیں اور یہی زندگی کے

بھی۔لیکن فطرت کے رنگ کچھ اور ہوتے ہیں۔جو فطرت اور محنت کے قریب ہوگا وہ کسان ہوگا یا انسان، ہندو مسلمان نہیں کہ زمین کا دامن تو انسانوں کی طرح تنگ نہیں۔یہ جملے دیکھیے:

''آدمی دراصل جتنا زمین کے قریب ہوتا ہے اتنا ہی دوسرے انسانوں کے قریب ہوتا ہے۔اس وقت مشر گنگو، کریم مالی اور موجو بھنگی ایک ہی قطار میں بیٹھے ہوئے ساتھ ساتھ کام کر رہے تھے۔کہیں مغائرت کا شائبہ تک بھی نظر نہ آتا تھا۔'' مسئلہ یہی ہے کہ انسان فطرت کے قریب کم اور انسانی فطرت کے قریب زیادہ ہوتا جاتا ہے جہاں طاقت اور دولت سب کو اپنے حصار میں لے لیتی ہے جو غیر فطری ہے اور فطری اور غیر فطری کی یہ کشمکش ہی کرشن چندر کا اصل موضوع ہے اور ناول کا بھی۔یہ جملے بھی ملاحظہ کرتے چلیے:

''درانتی کسان کا قلم ہے۔اس سے وہ زمین کی تختی پر لکھتا ہے اور ایسے گل بوٹے بناتا ہے کہ دنیا کے سارے ادیب ،سارے مصور اور دنیا کے سارے سیاست داں اس کے خوشہ چیں معلوم ہوتے ہیں۔'' شیام پہلی بار درانتی چلا رہا تھا اور دھرتی گیت گا رہی تھی کہ اسی درمین محبت جاگ اُٹھی۔محبت اور محنت کا چولی دامن کا ساتھ رہا ہے۔ناول تھوڑی دیر کے لئے محنت اور محبت کے ماحول میں آگے بڑھتا ہے اور کرشن چندر نے اسے بڑے سلیقے سے پیش کیا ہے کہ سوئے اور تھکے ہوئے چہروں پر چاند چمکنے لگتا ہے۔فی الحال انہیں کوئی خطرہ نہیں،کوئی بے چینی نہیں۔خطرہ وہاں ہوتا ہے جہاں بنگلے بنے ہوتے ہیں اور ان کے باہر چوکیدار پہرہ دیتے ہیں۔جہاں محنت اور محبت ہو اور نفرت اور عداوت نہ ہو یہ ممکن نہیں ہے کہ ان کے بغیر کوئی قصبہ،کوئی علاقہ اور کوئی شہر خالی نہیں۔یہ بھی انسانی فطرت ہے۔چنانچہ جلد ہی ناول کشاکش کو پھر سے سمیٹتا ہے۔

شیام اور غلام حسین کا رشتہ الگ ہے اور شیام اور علی جو کا الگ۔علی جو جہاندیدہ انسان ہے اور دنیا کی اونچ نیچ سے واقف ہے اور کیوں نہ ہو، وہ نائب تحصیلدار جو ہے۔وہ سماج اور معاشرے کو اچھی طرح سے سمجھتا ہے اسی لئے درمیان میں نہایت تجربے کی باتیں کہتا چلتا ہے۔وہ نوجوان شیام کے جذبات و خیالات کی قدر تو کرتا ہے لیکن درمیان میں ایسے جملے بھی کہتا چلتا ہے:

''بات دراصل یہ ہے شیام صاحب، کہ دنیا میں ہر ایک جامع مکمل اور صحیح چیز ہمیشہ درست نہیں مانی جاتی اور جہاں فرقے والا سوال پیدا ہو جائے وہاں بدقسمتی سے لوگ دلائل کے بجائے ہمیشہ جذبات سے زیادہ کام لیتے ہیں۔یہ ایک تلخ حقیقت ہے۔آپ ابھی نوجوان ہیں۔کالج میں پڑھتے ہیں۔ابھی آپ کو ان باتوں کا تجربہ نہیں ہے۔'' اور ساتھ ہی یہ بھی:

''پانچ سال سے میری ترقی رکی ہوئی ہے۔محض مسلمان ہونے کی وجہ سے مجھے تحصیلدار نہیں بنایا جا رہا ہے.....کئی نالائق ہندو.....'' وہ چپ ہو گیا۔پھر قدرے توقف کے بعد بولا:

''میں مانتا ہوں کہ یہ تعصب دونوں فرقوں میں پایا جاتا ہے۔ہندو مسلمان کا گلا گھونٹنے سے پرہیز نہیں کرتا اور مسلمان کا بھی اگر بس چلے تو اسے زک پہنچائے بغیر نہیں رہتا۔'' لیکن شیام پھر بھی کہتا ہے

کہ یہ معاملات مذہبی نہیں، اقتصادی ہیں اور ساتھ ہی یہ بلیغ جملہ بھی ادا کرتا ہے:

''مذہب کی رفعتوں کو بھی اس مہاجنی دور نے اپنی گرفت میں لے لیا ہے۔'' اور اس سے آگے یہ سیاسی نوعیت کے جملے آتے ہیں:

''زندگی چاہے ہندو کی ہو یا مسلمان کی، اقتصادیات کے پیمانے پر تُلتی ہے اور یہ ایک طرح سے لازمی اور ضروری ہے۔ مشینوں کے زمانے میں بھی اس سے بہتر کون سا پیمانہ ہوسکتا ہے۔ ہندو مسلم سوال بھی جب حل ہوا، اسی پیمانے پر تُل کر حل ہوگا۔ محض ایک دوسرے کو بھائی بھائی کہہ دینے سے حل نہ ہوگا۔ بھائیوں کے حقوق ہوتے ہیں...... اس تصفیہ کے بغیر دو بھائی چین سے نہیں رہ سکتے۔'' سوال در سوال، جواب در جواب، زندگی کے مسائل، محنت کے الگ، محبت کے الگ، سیست کے الگ، انسانیت کے الگ لیکن شیام انسانیت پر یقین رکھتا ہے تبھی تو کہتا ہے:

''میں ہندو مسلمان تو کیا، دنیا بھر کے انسانوں کو بھائی سمجھتا ہوں اور انہیں الگ دیکھنے کے بجائے اکٹھا مل جل کے امن و آشتی سے ایک دوسرے کے ساتھ برتاؤ کرتے ہوئے ایک بہتر تہذیب، ایک بہتر نظام زندگی، ایک بہتر فلسفے کی تعمیر کرتے دیکھنا چاہتا ہوں۔'' اور ساتھ میں یہ بھی:

''جب تک ایک انسان دوسرے انسان کو بعینہ وہی حقوق نہ دے گا جو وہ اپنے تئیں محفوظ رکھنا چاہتا ہے، دنیا میں کبھی امن و امان نہیں ہوسکتا۔'' علی جو دنیا دار تھا اس لئے اسے ایسے آدرش مفافق نہیں آئے لیکن شیام آدرش وادی ہی نہیں، اشتراکی بھی تھا۔ زندگی کا ایک تصور رکھتا تھا...... معاشرہ کا ایک متوازن تصور جس سے یہ گاؤں والے ناواقف تھے اور صدیوں کی طاقت اور ناطاقتی کی زنجیر میں جکڑے ہوئے تھے اور ان سب عتاب و عذاب کو انسانی کم، الہامی زیادہ سمجھتے تھے لیکن نئی نسل کے نمائندے خواہ وہ شیام ہو یا چندرا، فکری اور فطری طور پر باغی تھے۔ کرشن چندر نے ان کی بغاوت اور اشتراکیت کو ناول میں ایک دلچسپ قصہ اور ماحول میں پیش کر کے قصہ کو فلسفہ بنانے کی کامیاب کوشش کی ہے حالانکہ معاملہ بے حد پیچیدہ ہے۔ یہ بات خود شیام بھی سوچتا ہے، علی جو بھی اور خود مصنف بھی۔ اسی لئے کرشن ایک جگہ بے ساختہ یہ بھی لکھ جاتے ہیں:

''معاملہ بڑا پیچیدہ ہے۔ اس نے سوچا...... خالص دردسر...... کیوں نہ آدمی اس قسم کی فلسفیانہ باتوں سے کنارہ کشی کرے اور اس قسم کی باتوں پر سوچنے کے بجائے خوبصورت چہروں کے متعلق سوچے، خوبصورت، جیسے آسمان کے تارے، جیسے ترناری کے مہکتے ہوئے پھول، جیسے پتلے متبسم خمیدہ لب، جن کے کنارے ہر وقت کسی نامعلوم جذبے کے زیر اثر کانپتے رہتے ہیں۔'' اسی لئے اس ناول میں خوبصورت چہرے ہیں، خوبصورت مناظر بھی اور اتنی ہی خوبصورت سلیس زبان اور اسلوب بھی...... لیکن ان مناظر کا تعلق بھی انسانی زندگی سے ہی ہے۔ محبت کا تعلق انسان سے ہے اور انسان خوبصورت ہوتے ہیں

اور بدصورت بھی۔کبھی خوبصورت انسان کے بدصورت اعمال جیسے سروپ کشن جو وجیہ تو ہے لیکن خبیث بھی ہے اور موہن جو راجپوت ہے لیکن چندرا جیسی معمولی اور کمزور لڑکی کا عاشق اور محافظ ہے۔فطرت کی نیرنگی کے ساتھ ساتھ انسانی فطرت کی یہ نیرنگی کرشن چندر کے فکروفن اور جمال وجلال کا ایک ایسا بے مثال جوہر ہے جس پر نگاہ عام طور پر نہیں جاتی یا کم جاتی ہے۔جو بظاہر نظر آتا ہے، اکثر وہی زیر بحث رہتا ہے۔لیکن سنجیدہ علمی ومعروضی گفتگو تو ان امور پر ہونی چاہئے جو نظر نہیں آتا یا جو فکر اور فطرت کے مابین تضاد ہے، تصادم ہے، اندرون کی کشمکش ہے......فطری، تہذیبی اور سماجی، جن کے حوالے صرف یہ کردار ہی نہیں ہوتے بلکہ فطرت بھی ہوتی ہے۔کرشن کا کمال فن فکر وفطرت، محبت اور محنت کے امتزاجی وانجذابی صورتوں میں پوشیدہ ہے جسے تنقید کی کمزور نگاہ اور سطحی نظر آسانی سے تلاش نہیں کرپاتی۔کبھی کبھی قلتِ علم بھی آڑے آتا ہے۔انسان شناسی کا فقدان اور طے شدہ اذہان بھی کرشن چندر کی تفہیم میں آڑے آتے ہیں۔بقول شاعر:

جس کو بھاتا ہے اپنی ذات کا رنگ......اس کو کیا بھائے کائنات کا رنگ

تھوڑی دیر کے لئے ناول میں میلے کا ذکر ہو جائے۔گاؤں، دیہات اور پہاڑی علاقوں میں عجیب وغریب کرشمے اور اعتقادات کا کچھ زیادہ ہی دخل رہتا ہے۔وطن کی دیومالا، میکے کی یاد، میلے کا منظر، ایک عجیب تخلیقی ناسٹالجیا...... یہ خوبصورت اور معنی خیز جملہ دیکھئے:

''ماضی کی ان حکایتوں اور داستانوں میں بھی پرانے تخیل پرستوں نے زندگی کی بنیادی سچائیوں کو خوبصورت لباس پہنا کر پیش کیا ہے۔گاؤں میں فسانوں کے تخیل میں یہ حکایتیں ہمیشہ تر وتازہ رہتی ہیں۔'' لیکن اس کے ساتھ یہ افسوس بھی ہے:

''ان جاہل کسانوں میں انہیں نئی قدروں سے پرکھنے والا کوئی نہیں اور وہ راہ حکایتوں کی مبالغہ آرائی پر ایمان لاکر گمراہ ہو جاتے ہیں۔یا گمراہ کردیئے جاتے ہیں۔اس گمرہی کے عجب کھیل ہیں۔کُشتی کے کھیل، بازار کے کھیل، جو زندگی کے کھیل بن جاتے ہیں۔'' یہ ناول کا محض ایک رنگ ہے جو اس کے مرکزی خیال کو آگے بڑھاتا ہے۔اس کے بعد شیام کی شادی، ماں باپ، ذات پات سب ایک طرف، دوسری طرف شیام کا عشق اور اصول، تکرار کی صورت، ماں کے آنسو، جذبات کے آگے نظریات کی شکست لیکن سماجی نظریات بدستور قائم رہتے ہیں۔ناول سماج کی ناہمواریوں، کج بحثیوں کو طرح طرح سے پیش کرتے ہوئے کہیں کہیں روکھا پھیکا سا بھی ہو جاتا ہے۔لیکن کہیں کہیں معنی خیز جملے غور کرنے پر مجبور کرتے ہیں۔لیکن پیار زندہ رہتا ہے۔شیام اور ونتی کا پیار۔لیکن سماجی پیچ وخم میں تکرار پیدا کرہی دیتے ہیں اور ناول عمل سے تعلق رکھنے والا باب دوبھر پور تضادات پر ختم ہوتا ہے۔ایک طرف جذبۂ محبت میں ونتی کا شیام سے چمٹ جانا اور اس کے فوراً بعد:

''دو آخروٹ کے درختوں کی قطار سے پرے شیام نے درگا داس کو گھسیٹتے ہوئے دیکھا۔اس کے

ساتھ اس کا باپ تھا۔ پنڈت سروپ کشن، ونتی کا ماما روشن اور تینوں ساتھ چلتے باتوں میں منہمک تھے......اور شیام کا دل کسی نامعلوم خوف سے بھر گیا۔ یکا یک درخت کی شاخوں سے ایک ہڑ باگڑ چیخ مار کر اُٹھا اور اپنے سیاہ پر پھیلائے نیچے گھاٹی کی فضا پر پیرتا ہوا غائب ہو گیا۔'' ناول کا اگلا اور آخری باب ''زہر آب'' ہے۔ عنوان سے ظاہر ہوتا ہے کہ اس محبت کا کیا انجام ہوگا۔ باب کی ابتدا تو موہن اور چندرا کی محبت کی تحقیقات سے ہوتی ہے۔ پورا گاؤں پس وپیش میں ہے۔ دہشت بھی ہے، کہیں کہیں مذہبی عصبیت بھی لیکن چندرا اور موہن کی محبت پختہ ہے۔ کوئی خوف نہیں۔ شیام کو بھی اس ارادہ اور اعتماد پر رشک آیا اور یہ رشک شیام کو بھی اعتماد بخشتا ہے۔ ایک طرف موہن چندرا تھے، محبت کرنے والے۔ محبتوں پر یقین رکھنے والے۔ دوسری طرف پنڈت سروپ کشن، دیگر برہمن، مہاجنا اور دوسرے جو اِن محبتوں کے دشمن تھے۔ سارا گاؤں محبت اور نفرت کی کشاکش کا شکار تھا۔ بات صرف محبت کی نہ تھی، مذہب کی تھی، عزت کی تھی۔ طاقت اور نخوت کی تھی۔ درمیان میں پس رہا تھا ایک مسلم ڈاکٹر ......وہ ڈاکٹر جو اپنے پیشہ کو مذہب سمجھ کر پورے گاؤں کے زخم پر مرہم لگا رہا تھا، علاج کر رہا تھا لیکن اسے مسلمان ہونے کی سزا مل رہی تھی۔ موہن چندرا اور شیام ونتی کی محبت، گاؤں کی طاقت، عصبیت، دین دھرم، ذات پات کے چکرویو میں پھنسی ہوئی تھی اور یہی جعل سازی، ذات برادری، تنگ نظری، طاقت ور اور کمزور کا کھیل ہی اس ناول کا اصل موضوع ہے۔ ایسی پیچیدہ صورت میں دونوں مرد یعنی موہن اور شیام فکر مند ہیں کہ کس طرح ان مکروہ صورتوں کا سامنا کیا جائے۔ بقول مصنف:

''یہاں اس کی اپنی (شیام) ہستی اور اس کی اپنی بقا کا سوال تھا کہ وہ کیا لائحہ کار اختیار کرے۔'' بات صرف محبت یا شادی کی نہ تھی، بلکہ اس جہالت اور تنگ نظری کی تھی جو ان کے نظام فکر اور نظام زندگی کا ناگزیر حصہ بنی ہوئی تھی جس کا فائدہ اونچی ذات یا سرمایہ دار قسم کے لوگ اُٹھاتے آئے ہیں۔ ذاتی مفادات کے لئے مذہب اور ریت رواج کی دُہائی دیتے رہے ہیں۔ شیام کے یہاں عشق کے تصورات بھی مختلف تھے تاہم اس کے سامنے یہ سوالات تو تھے ہی:

''تو پھر وہ کیا کرے؟ چپ چاپ بیٹھا رہے اور سماج کے آہنی ہاتھ کو اس خوبصورت، اس تابانی، اس جمالیات کا گلا گھونٹتے ہوئے چپ چاپ دیکھتا رہے اور پرانی روایت اور اوہام کے لنگڑے بھوت کو اپنی خوشیوں اور مسرتوں کی قبر پر ناچتا دیکھتا رہے؟'' لیکن مسئلہ یہ بھی ہے کہ ایک طرف پورا جاہل اور فرسودہ سماج ہے اور دوسری طرف وہ اکیلا اور بے روزگار۔ ساتھ ہی زندگی کی کچھ اور مجبوریاں بھی ہیں۔ ناول انہی سوالات اور کشمکش کے درمیان سے گزرتا ہوا شیام کے غم وغصہ کی کیفیت میں پہنچتا ہے اور وہ اپنے بارے میں کم اور موہن اور چندرا کے بارے میں زیادہ سوچنے لگتا ہے اور اس طرح ناول بے حد ڈرامائی انداز میں اپنی منزل کی طرف بڑھتا ہے۔ ٹھاکر کے ہاتھوں ایک قاتلانہ حملہ ہوتا ہے۔ واویلا مچتا ہے۔ ساتھ ہی اچھوت عورت کا مذاق، آنسو، مقدمہ، جیل وغیرہ کے تذکرے۔ موہن اور چندرا کی محبت صلیب پر ہے

لیکن ایسے سنگین حالات میں بھی چندرا کی دلیری قابل دید اور قابل مثال ہے۔ چنانچہ وہ بھی تھانیدار سے دلیری کے ساتھ کہتا ہے:

''کیا آپ ایک انسان کی عزت اور مرتبے سے واقف نہیں اور آپ کیا سمجھتے ہیں کہ محبت کیا ہوتی ہے۔ زندگی بڑی عجیب شے ہے۔ یہ قانون، عشق اور ظلم بھی بہت عجیب اور دلچسپ ہیں۔'' زخمی موہن سنگھ کی موت ہو جاتی ہے اور ناول المناک صورتوں سے دو چار ہوتا ہے:

''دروازہ کھلا ہے اور موہن سنگھ مر گیا ہے لیکن کچھ بھی نہیں ہوا۔ کائنات اسی طرح چل رہی ہے۔ موہن سنگھ مر گیا اور ساری دنیا اسی طرح زندہ ہے۔'' ایک عشق کا یہ المناک انجام، عاشق کی موت، معشوقہ کی موت...... موت اور فطرت کا یہ حسین امتزاج دیکھئے:

''وہ ایک برف کی مورت کی طرح اس شہتوت کے تنے کے نیچے پڑی تھی اور ڈال ڈال، پات پات دھیرے دھیرے چلا رہے تھے...... ونتی اُٹھ، ونتی جاگ، ونتی تیرے محبوب کا شگن ہے۔ دیکھ دھواں پہاڑوں پر پھیل رہا ہے۔ سورج کا سونا چاندی کی آنکھوں میں چمک رہا ہے۔ لیکن ونتی کو فرصت نظارہ کہاں تھی۔ اس نے کسی کی طرف بھی نہ دیکھا اور چپ چاپ برف کے گلیشیر کی طرف بڑھتی گئی۔'' زندگی اور موت، محبت اور نفرت، فطرت اور انسانی فطرت اور اس کے پیچ وخم، چتا کے شعلے...... لیکن ہوا خاموش تھی۔ پیڑ کے پتّے جھڑ چکے تھے اور انسان، انسان کم اور بھوت زیادہ لگ رہے تھے۔ اور پھر اس جملے پر ناول کا خاتمہ ہوتا ہے:

''ان زندہ بھوتوں کے درمیان ایک خاموش چتا جل رہی تھی اور شفتالو کا درخت اکیلا کھڑا تھا۔'' اسی طرح جیسے شیام اکیلا، چندرا اکیلی اور محبت اکیلی اور ناکام۔ اسی لئے اس ناول کا عنوان ناکام محبتوں کے اس المناک انجام کو دیکھتے ہوئے ''شکست'' رکھا گیا ہے۔ بظاہر یہ ناول رومانی یا عشقیہ کہا جا سکتا ہے لیکن یہ محض رومانی ناول نہیں ہے بلکہ عشق اگر ایک طرف جذبہ ہے تو دوسری طرف حوالہ بھی۔ حوالہ کے ذریعہ وہ اس سماج تک پہنچتا ہے جس کے درمیان عشق جنم لیتا ہے، پروان چڑھتا ہے اور ناکام بھی ہوتا ہے۔

یہ ایک مکمل اور کامیاب سماجی ناول ہے اور ناول ہی وہ صنف ہے جس میں سماج بھرپور طریقے سے منعکس ہوتا ہے۔ اسی لئے لوکاچ نے بھی اس کی عوامی اور سماجی دلچسپی اور عمل و دخل کو دیکھتے ہوئے اسے پبلک اسپیئر کہا ہے۔ یہ سچ ہے کہ ناول ایک ادبی صنف ہے اور اس کے صنفی تقاضے بھی ہیں اور فنی بھی۔ لیکن اس کا فن اور حسن انسان اور انسانی معاشرہ کے درمیان سے ہی پھوٹتا ہے۔ وہ ادب کے دائرے میں رہتے ہوئے دائرے توڑ کر سماجی حقیقت کا دستاویز بنتا ہے۔ ناول محض قصہ نہیں، محض اسلوب نہیں بلکہ عہد، تہذیب، مسائل حیات اور عرفان حیات کو ساتھ لے کر چلتا ہے۔ ناول محض واقعہ نگاری نہیں بلکہ سماجی اور معاشی رشتوں کی تبدیلی کی داستان بھی ہے اور فکر و شعور کا سفر بھی۔ اسی لئے پریم چند کے ناول صرف ناول نہیں بلکہ

سماجی مسائل کی دستاویز بن جاتے ہیں۔ان کے ناولوں کی غیر معمولی حقیقت نگاری اور کامیابی کے بعد ترقی پسندوں نے ناول نگاری کو کئی ابعاد دیئے، خصوصاً کرشن چندر نے۔اس میں رومان اور فطرت کو جوڑ کر وہ حسن پیدا کیا گیا ہے جس سے پریم چند کے ناول محروم تھے۔کشمیر کو نزدیک سے دیکھنے اور سمجھنے کی وجہ سے ان کی تخلیقات میں ان دونوں عناصر کا در آنا فطری تھا۔ چنانچہ ان کا یہ پہلا ناول بھی اسی کشمیر کے پس منظر میں لکھا گیا۔اچھی بات یہ ہے کہ کرشن بڑے سلیقے اور منصوبے سے فطرت کو فکر اور فکر کو فطرت میں بدلنے کا ہنر جانتے ہیں۔ ہندی کے ممتاز ادیب اور ناول نگار راہل نے کہا ہے کہ سماج کو بدلنا ہے تو اپنے آپ کو، سماج کو اور فطرت کو گہرائی سے سمجھو اور بھاگو نہیں۔دنیا کو بدلو۔انگریزی کے رومانی شعرا بھی فطرت نگاری کو محض منظر نگاری تک محدود نہیں رکھتے بلکہ فطرت کو انسانی فطرت سے قریب کر دیتے ہیں......اس فطرت کو جس کے بارے میں روسو نے کہا تھا کہ انسان فطرتاً آزاد پیدا ہوا ہے۔لیکن سماج کی رسمیں، روایتیں اس کی پیروں میں زنجیر ڈال دیتی ہیں۔ یہ ناول، اس کا قصہ، پلاٹ، کردار روسو کے اس خیال کی بہترین نمائندگی کرتا ہے اور اس کی فطرت نگاری، آزادی اور خوشحالی کی فطرت سے ہم آہنگ ہو جاتی ہے۔اسی لئے جا بجا اُڑتے ہوئے بادل ہیں، کھلا آسمان ہے، چرند پرند ہیں، پیڑ پودے ہیں اور یہ سب کے سب استعاراتی انداز میں کہانی کی سمت و رفتار اور فکر و خیال میں جذب و پیوست ہو جاتے ہیں اور خیال کو جمال کے ساتھ ساتھ جلال کی ادا بھی بخش جاتے ہیں۔

یہ کہا جا سکتا ہے کہ دو اموات نے اس ناول کو المیہ سے دوچار کر دیا ہے اور وہ طربیہ نظر نہیں آتا جو بعد کو کرشن چندر کی فکر کا لازمی حصہ بنا۔اس پر بحث ہو سکتی ہے۔لیکن یہاں صرف اتنا عرض کرونگا کہ اس المیہ کے نظریاتی پہلو جو بھی ہوں لیکن اس کا جذباتی پہلو نہ صرف ناول کی تاثیر میں اضافہ کرتا ہے بلکہ کبھی کبھی تزکیہ نفس کی منزل پر بھی لے جاتا ہے اور غور و فکر کی ایک نئی بشارت سے دوچار کرتا ہے۔اس حوالے سے یہ ناول اپنے المیہ میں بھی ایک نئی تعبیر و تفسیر پوشیدہ رکھتا ہے ورنہ اس پر رسمی اور معمولی رومانیت یا مثالیت کا الزام بھی آ سکتا تھا اور قصہ کا فطری پن بھی متاثر ہو سکتا تھا۔اس اعتبار سے کرشن کا یہ پہلا ناول ہی کامیابیوں اور بلندیوں کو چھونے لگتا ہے جس سے نہ صرف کرشن چندر کی اشتراکیت بلکہ خلاقیت بھی کچھ اس انداز سے روبرو بلکہ سرزد ہوئی جس نے آگے بڑھ کر کامیابی کے کئی نشانات ثبت کئے۔

## ● منی بھوشن کمار

# ادب کا فلسفۂ نجات

رسالہ 'آمد' کے شمارہ جنوری تا مارچ ۲۰۱۳ء (کتابی سلسلہ۔ ۶) میں مدیر اعزازی خورشید اکبر صاحب نے ''ادب کا فلسفۂ نجات/نجات پسندی؟'' نام سے جو کچھ بھی لکھا ہے، وہ اپنے عنوان سے ہی قارئین کے سامنے کئی سوالات قائم کر دیتا ہے۔ جیسے جیسے ایک قاری اداریئے کو پڑھتا جاتا ہے، سوالوں کی تعداد بڑھتی جاتی ہے اور ان کا جواب شاید ہی کہیں مدیر اعزازی کے قلم سے مل پاتا ہے۔ شاید اس کی توقع بھی بے کار ہے۔ آئندہ سطور میں درج تفاصیل سے مطلع صاف ہو جائے گا۔

خورشید اکبر صاحب نے عنوان سے ہی کئی سوالات ہمارے سامنے کھڑے کئے ہیں۔ مثلاً

(۱) ادب کیا ہے؟ یا ادب کسے کہتے ہیں؟ یا موصوف کی ادب سے کیا مراد ہے؟

(۲) فلسفہ کیا ہے اور موصوف فلسفے سے کیا مراد لیتے ہیں؟ خورشید اکبر صاحب کے لئے فلسفہ کی تعریف اور دائرۂ کار کیا ہیں؟

(۳) 'نجات' سے اداریہ نویس کی کیا مراد ہے؟ یہ نجات کسے، کس سے حاصل کرنا ہے؟ یہاں کون حاکم ہے اور کون محکوم یا ظالم اور مظلوم ؟ اس کی وضاحت اور شناخت سیدھے سیدھے ہونی چاہیے۔

اب اگر ان تین باتوں کو ملا کر دیکھیں تو کچھ اور سوال کھڑے ہو جائیں گے جن کا دائرہ متذکرہ تینوں سے وسیع ہے۔ مثلاً

(۱) 'ادب کا فلسفہ' کیا ہے؟

(۲) 'نجات کا فلسفہ' کیا ہے؟

اور ان دونوں کے میل سے تیسرا سوال کھڑا ہوتا ہے:

(۳) 'ادب کا فلسفۂ نجات' کیا ہے؟

یہاں عنوان ہی میں شامل الفاظ ''نجات پسندی'' کو بحث سے قصداً باہر رکھا گیا ہے۔ اس کی بنیادی وجہ راقم الحروف کے سامنے یہ رہی کہ جناب اعزازی مدیر نے 'فلسفۂ نجات' اور 'نجات پسندی' کو

مترادفات کے طور پر استعمال کیا ہے۔ اگر یہ دونوں مجموعۂ الفاظ یہاں ہم معنیٰ تصور کئے جائیں جو درحقیقت ہم معنیٰ ہیں نہیں تو پھر کچھ اور سوالات ہمارے سامنے ہوں گے۔ ابھی جو سوالات سامنے آگئے ہیں انہی پر اکتفا کرتے ہوئے بحث کو آگے بڑھانا بہتر ہوگا۔ ان سوالات کو احاطۂ تحریر میں لانے کی ایک وجہ یہ بھی ہے کہ موصوف کوئی ادبی تخلیق جیسے غزل یا افسانہ پیش نہیں کر رہے ہیں بلکہ انھوں نے فلسفیانہ یا نظریاتی بحث کا آغاز کیا ہے۔

فاضل اداریہ نگار نے درمیانی صفحات پر پیش کردہ سوالات میں سے کچھ کے جوابات مبہم انداز میں پیش کئے ہیں مگر ''تھوڑا لکھنا زیادہ سمجھنا'' کی طرز پر بیشتر باتیں قارئین کے از خود سمجھ لینے کے لئے چھوڑ دی ہیں۔ اندازہ یہ بھی ہوتا ہے کہ خورشید اکبر صاحب کے ذہن میں اداریئے کی یہ حدود واضح نہیں ہیں۔ ان کے طرز تحریر سے معلوم ہوتا ہے کہ موصوف نے فلسفے کا کبھی باضابطہ مطالعہ نہیں کیا ہے۔ اس ضمن میں ان کا جو بھی مطالعہ ہے، وہ اداریئے کے موضوع کے ساتھ انصاف کرنے کے لئے ناکافی ہے۔ یہاں یہ وضاحت بھی ضروری معلوم ہوتی ہے کہ اردو کا ایک عام قاری اس قدر تربیت یافتہ نہیں ہے کہ کسی نئے موضوع پر چھیڑی گئی بحث میں سے کچھ بھی اس کے از خود سمجھ لینے کے لئے چھوڑ دیا جائے۔ اس سے جہاں قلم کار کا موقف اس سے پوشیدہ رہے گا، وہیں اُس کی دلچسپی بھی ان معاملات میں پیدا نہیں ہو سکے گی۔

''فلسفہ کیا ہے؟'' اس سوال کا جواب یوں ہو سکتا ہے:

''فلسفہ قدرت یا زندگی کے عام اصولوں کو مرتب کرنے والا شعبۂ علم ہے۔''

اس تعریف کو اب منطق کی دو مثالوں سے واضح کرتے ہیں:

رحیم فانی ہے۔

پیٹر فانی ہے۔

رادھا فانی ہے۔

یہ سبھی انسان ہیں۔

اس لئے ''انسان فانی ہے۔''

ابھی جو نتیجہ سامنے پیش کیا گیا، وہ فلسفہ ہے۔ فانی ہونا تمام انسانوں کے لئے لازم قرار پایا ہے۔ یعنی یہ انسانی زندگی کا عام اصول ٹھہرا۔ ہمارے سامنے پہلے کچھ مثالیں تھیں اور ان کی بنیاد پر ہم نے تمام انسانوں کے لئے ایک نتیجہ اخذ کیا۔

لیکن ایسے فلسفیانہ نتیجے اخذ کرنے میں گڑبڑیاں بھی خوب ہوتی ہیں۔ اسے دوسری مثال سے

واضح کرتے ہیں:

''پٹنہ کے کوّے کالے ہیں۔''

''پنجاب کے کوّے کالے ہیں۔''

''نیپال کے کوّے کالے ہیں۔''

''پاکستان کے کوّے کالے ہیں۔''

ان کوّوں کی پہچان ہم ان کی مشترکہ صفت ان کی آواز 'کانو کانو' سے کرتے ہیں اور یہ نتیجہ اخذ کرتے ہیں کہ:

''کوّا کالا ہوتا ہے۔''

اس نتیجے تک پہنچنے میں ہمارے سامنے جو نمونے ہیں، وہ ایشیائی ممالک کے ہیں۔ لیکن جب ہمیں یہ معلوم ہوتا ہے کہ آسٹریلیا میں کوّے سفید رنگ کے ہیں تو ہمارا نتیجہ جو ابھی تک کُل کے لئے تھا، فوراً غلط ہو جاتا ہے اور وہ فلسفہ نہیں رہ جاتا۔ اب پہلے کے نتیجے پر کچھ قید لگانے کی ضرورت آن پڑتی ہے۔ اب ہم کہتے ہیں:

''ایشیائی کوّے کالے ہوتے ہیں۔''

اور اس طرح ہمارا نتیجہ درست ہو کر فلسفہ بن جاتا ہے۔

ان امثال اور تفاصیل سے یہ ظاہر کرنا مقصود ہے کہ فلسفہ کی بحث میں قطع و برید، متضاد اور مخالف اشیا کی پہچان، نتیجہ اخذ کرنے میں تمام تر نمونوں کی یکجائی اگر نہ ہو تو وہ فلسفہ کی بحث قطعی نہیں ہوگی۔ خورشید اکبر اپنے اداریئے میں یہ کام کبھی بھی کرتے نظر نہیں آتے۔ لہٰذا اسے فلسفیانہ مباحثے کے بجائے عام علمی مضمون تصور کرنا ہماری مجبوری بن جاتی ہے۔

اس تمہیدی گفتگو کے بعد اداریئے کے مشمولات پر براہ راست غور کرتے ہیں۔ خورشید اکبر اپنے اداریئے کے پہلے جملے میں ''نجات پسندی'' کی بحث چھیڑتے ہیں۔ اس کے بعد کئی مقامات پر وہ 'نجات' کی باتیں کرتے ہیں۔ اس کے ساتھ ساتھ 'ادب' کو 'نجات' سے جوڑنے کی کوشش بھی وہ کرتے رہتے ہیں۔ پھر اس جگہ پر پہنچتے ہیں جہاں سوال و جواب کی صورت میں 'نجات' پر بحث کی گئی ہے۔ اس قسم کے کُل پانچ سوالات اس اداریئے میں مع جواب درج ہیں۔ سوال و جواب کے دور کے بعد ذیلی عنوان ''ادب کے فلسفۂ نجات/'نجات پسندی' کے خصائص و کردار'' کے تحت کچھ باتیں پیش کرنے کے بعد اعزازی مدیر اپنی خاکساری کو ظاہر کرتے ہوئے قارئین کو غور و فکر اور مباحثے کی دعوت دیتے ہیں۔ اسی کے ساتھ اداریہ کا

''نجات پسندی'' والا حصہ مکمل ہو جاتا ہے۔ اداریئے کے دوسرے حصے میں رسالے کے مشمولات پر مختصراً گفتگو کی گئی ہے اور یہاں بھی نجات پسندی کی بحث چلتی رہتی ہے۔

خورشید اکبر صاحب نے سب سے زیادہ زور 'نجات' کے معنیٰ کو واضح کرنے پر دیا ہے۔ صفحہ ۸ پر وہ اس طرح لکھتے ہیں:

(۱) 'نجات' ایک ہمہ گیر تصور ہے جس کا حصول انسانی زندگی کا عین مقصد ہے اور......

(۲) گویا 'نجات' مسئلہ بھی ہے، حل بھی؛ اعلان بھی ہے، امکان بھی؛ رستہ بھی ہے، سامان بھی......

(۳) اس طرح 'نجات' ہماری انفرادیت واجتماعیت کی ہمہ رنگی کا استعارہ ہے......

(۴) نجات، انسان کی ازلی خواہش اور ابدی مراد [خواب] ہے......

(۵) خیال رہے کہ جنات محض ایک ذاتی / وجودی/ نفسیاتی تصور نہیں ہے بلکہ اس کے اندر بہ یک وقت سماجی/ مذہبی/ ثقافتی/ ادبی/ سیاسی اور علمی حوالہ بننے کی بھی صلاحیت بدرجۂ اتم موجود ہے۔ اس نقطۂ نظر سے نجات، مختلف النوع مروجہ وممکنہ شعبہ جات علم: ...... وغیرہ کا موضوع ومسئلہ بن سکتی ہے......

صفحہ ۹ پر یہ معنوی وضاحت اس طرح آگے بڑھتی ہے:

(۶) ا۔ سوال: نجات کیا ہے؟

جواب: نجات، ہمہ جہت آزادی/ خودمختاری/ کشادگی/ ہم آہنگی/ خوش حالی/ بہشت سامانی کے اثبات اور ہر طرح کے غیر فطری وغیرہ انسانی جبر واکراہ کی نفی سے پیدا شدہ وہ صورت حال ہے......

(۷) ...... حالاں کہ ہندو اساطیر میں 'نجات' پُنر جنم یا آواگون سے مکتی یا موکش کے معنیٰ میں مستعمل ہے اور بودھ دھرم میں اسے نروان کہا جاتا ہے اور اسلامی عقیدے میں بہشت کا انعام ہے!

ابھی جو اقتباسات نجات کے تعلق سے نقل کئے گئے ہیں، ان کی رو سے نجات کے درجِ ذیل معنی ٹھہرتے ہیں:

(۱) نجات ایک ہمہ گیر تصور ہے۔

(۲) نجات اپنے اندر متضاد اور متخالف اور ہم رشتہ اشیا کو سمیٹے ہوئے ہے۔ جیسے مسئلہ اور حل؛ اعلان اور امکان وغیرہ وغیرہ۔

(۳) نجات انفرادیت اور اجتماعیت سے سفر کا آغاز کر کے بڑھتے بڑھتے 'استعارہ' بن جاتی ہے۔

(۴) نجات ہمیشہ قائم رہنے والی مراد (خواب) ہے۔

(۵) نجات مختلف اقسام کے حوالے بننے کی صلاحیت رکھتی ہے اور یہ مختلف النوع مروجہ وممکنہ

شعبہ جات علم کا موضوع و مسئلہ بن سکتی ہے۔

(۶) نجات آزادی اور انبساط کے لئے پیدا شدہ صورت حال ہے۔

(۷) ہندو، بودھ اور اسلامی عقیدے میں نجات کا تصور پہلے سے موجود ہے اور ان تینوں میں اسے الگ الگ اسما سے یاد کیا جاتا ہے۔

اداریئے سے منقولہ سات اقتباسات سے سات الگ الگ نتیجے سامنے آئے۔کیا ان نتائج کی بنا پر نجات کا کوئی فلسفہ وضع کیا جاسکتا ہے؟ فلسفہ کیا ہے اور اس کے اصول کس طرح سامنے آتے ہیں ...... اس پر ابتدا میں ہی گفتگو ہو چکی ہے۔کیا متذکرہ طریقۂ کار کی بنا پر یہ سمجھا جائے کہ خورشید اکبر صاحب فلسفہ سے متعلق کوئی گفتگو کر رہے ہیں؟ جواب نفی میں آئے گا۔اگر وہ 'نجات' کی بحث کو فلسفہ سے جوڑنا ہی چاہتے ہیں تو واضح اور معروضی انداز میں 'نجات' کے تمام پہلوؤں کو ایک جگہ رکھیں اور قارئین کو کسی نتیجے تک پہنچانے کی کوشش کریں۔مگر ان کے انداز گفتگو میں جگہ جگہ 'نجات' نام کا لفظ اپنی موجودگی سے صراحت کے بجائے ابہام پیدا کرتا ہے۔معلوم ہوتا ہے کہ کوئی پہیلی ہے جس کا حل قارئین کو تلاش کرنا ہے اور اس کوشش میں مدد پہنچانے کے لیے کچھ اشارے (Clues) دے دیئے گئے ہیں۔

ایک بار پھر پہلے سوال ''نجات کیا ہے؟'' کی طرف لوٹتے ہیں۔اس سوال کے جواب میں وہ لکھتے ہیں:

> ''نجات ایک ہمہ جہت آزادی/ خود مختاری/ کشادگی/ ہم آہنگی/ خوش حالی/ بہشت سامانی کے اثبات اور ہر طرح کے غیر فطری و غیر انسانی جبر و اکراہ کی نفی سے پیدا شدہ وہ صورتِ حال ہے جو کسی بھی فرد، جماعت اور ادارے کی ہمہ جہت ترقی اور عروج کی ضامن ہوتی ہے بہ شرطے کہ دیگر افراد، جماعت یا ادارے کی بے جا حق تلفی یا ان کے ساتھ زیادتی مقصود نہ ہو۔''

اس ایک جملے کے اقتباس کا پہلا حصہ 'منفی آزادی' سے متعلق ہے۔یہ سرمایہ داری کے دورِ اوّل یعنی سولہویں صدی کے آغاز سے لے کر انیسویں صدی کے نصفِ اول کی خاصیت رہی ہے۔اس دور کے مفکرین جان لاک John Locke سے لے کر جے۔ایس۔مل J.S.Mill تک، نے تمام اقسام کی پابندیوں کے خاتمے کی بات کہی اور ریاست کا کام فقط نظم انتظامیہ تک محدود رکھا۔کل ملا کر یہ Police State کا تصور تھا۔اس کے بعد کا زمانہ مناسب پابندیوں Restrictions والے حقوق کا ہے۔جیسے ہندستانی آئین اپنے کسی شہری کو اظہارِ خیال کی آزادی دیتا ہے تو وہ شخص اس کا استعمال کسی کی دل آزاری کے لئے نہیں کرسکتا۔یہ بات خورشید اکبر صاحب آخری سطر میں بیان کر رہے ہیں۔موصوف اس بات کو 'نجات' کا

نام دے رہے ہیں جو سیاسی ارتقا کی ایک صورت ہے۔ سند رہے کہ یہ آزادی سرمایہ دارانہ جمہوریت کا خاصہ ہے۔ اس سے پہلے کے نظامِ حکومت میں ایسی کسی آزادی (نجات) کے لئے کوئی جگہ نہیں تھی۔ خورشید اکبر صاحب نے اس بات کو نظر انداز کر دیا ہے۔ اس کی مثالیں آگے بھی درج کی جائیں گی۔

صفحہ دس پر موصوف نے ایک جگہ لکھا ہے:

''......واضح رہے کہ 'نجات پسندی' کوئی منفی یا انتہا پسندانہ نظریہ نہیں ہے کیوں کہ مہاتما بدھ نے عرفانِ ذات کے بعد اپنی نجات پسندی کو 'مدھیم مارگ' [راہِ اعتدال] سے تعبیر کیا تھا......''

خورشید اکبر صاحب یہاں 'نجات پسندی' کو مثبت اور معتدل نظریہ قرار دیتے ہیں اور اس کا سرا مہاتما بدھ سے جوڑتے ہیں۔ اب اگر 'نجات' کا کوئی فلسفہ ہے جو معتدل راہ اختیار کرتا ہے تو وہ ہندستانی معاشرے پر Fit بیٹھے گا۔ لیکن جیسے ہی ہم مغرب کی طرف رخ کریں گے 'نجات' کا فلسفہ ہونا باطل قرار پائے گا۔ 'مدھیم مارگ' کی گنجائش وہیں ہے جہاں تکثیریت موجود ہو۔ ہندستانی سماج میں مختلف زبانیں، ذات کی تفریق، مذاہب کی بہتات، کثیر لسانی ماحول، جغرافیائی رنگارنگی، خورد ونوش کی الگ الگ عادتیں، ایک ساتھ گذشتہ دو ہزار سال سے زیادہ سے رائج ہیں۔ ایسے ماحول میں اگر انسانیت کو اپنا وجود قائم رکھنا ہے تو ہر طرح کی انتہا پسندی کو رد کرتے ہوئے 'مدھیم مارگ' (راہِ اعتدال) اختیار کرنا ہی ہوگا۔ یورپ کے سماج میں اتنی تفریق عصرِ حاضر میں بھی شاید ہی دیکھنے کو ملے۔ وہاں ایک رنگ، ایک نسل، ایک زبان، ایک قوم کو بنیاد بنانے والے ممالک ملتے ہیں۔ پورا ملک ایک ہی بار میں یا تو دائیں بازو کا حمایتی ہوگا یا بائیں بازو کا۔ کوئی میانہ روی وہاں دیکھنے کو شاید ہی ملے۔ اس لیے اگر 'نجات' مدھیم مارگ کی طرف بڑھتا ہے تو اسے فلسفہ قرار دینا مشکل ہوگا۔ یہ فقط ایک نظریہ یا تصور محض ہوگا۔

صفحہ دس کے آخری حصے میں موصوف لکھتے ہیں:

''علاوہ ازایں مشرقی [مشرق] و مغرب کی قدیم، جدید اور مابعد جدید فلسفیانہ افکار کے بے شمار سرمایے کی روشنی میں 'نجات پسندی' کے مضمرات و ممکنات کی مستند روایات کے تاریخی تسلسل و معنویت کو شناخت کیا جاسکتا ہے۔ قدیم مغربی فلسفے کے تحت ...... کلیسائی دبستانِ فلسفہ کے یہودی اور عیسائی مفکرین ...... سیاسی فلسفیوں میں...... وجودیت کے فلسفیوں میں......؛ سماجیاتی مفکرین میں ...... مابعد جدید لسانی افکار و فلسفہ کے تحت ...... علاوہ بودھ اور جین فلسفے کی مستحکم روایات کے تناظر میں

تقاضاے عصر کے ساتھ،'نجات پسندی' کے احتساب کی ضرورت ہے......''

اور احتساب کا یہ کام موصوف نے قارئین کے ذمے چھوڑ دیا ہے۔ جتنے اقسام کے فلسفیوں کا وہ اجتماع احتساب کے لئے چاہتے ہیں، وہ اجتماع کبھی بھی معرض وجود میں نہیں آ سکتا۔ یہاں یہ عرض کرنا ضروری معلوم ہوتا ہے کہ کن سوالوں کا حل تلاش کرنے کے دوران ایک شعبۂ علم کے طور پر فلسفہ وجود میں آتا ہے۔ فلسفے کے بنیادی مسائل دو ہیں:

(۱) ہستی اوّل ہے یا شعور

(۲) اس دنیا کو جانا جا سکتا ہے یا نہیں

یہیں سے فلسفے کی دو شاخیں قائم ہوتی ہیں۔ جو حلقہ یہ مانتا ہے کہ ہستی کی اوّلیت ہے اور دنیا کا علم حاصل کیا جا سکتا ہے وہ مادیت پسند (Materialist) کہلاتا ہے اور جو شعور کی اوّلیت کے قائل ہیں اور دنیا کے علم کو حاصل نہیں کر پانے کی بات پر ایمان لاتے ہیں، وہ عینیت پسند (Idealist) کہلاتے ہیں۔ مادیت اور عینیت کے فلسفے میں بعد مشرقین ہے۔ اس لئے کہ ایک کی نفی سے دوسرے کا وجود قائم ہے۔ اگر کسی راہِ اعتدال کی بات یہاں ہوگی تو دونوں میں سے کسی ایک کو یا دونوں کو اپنا وجود ختم کرنا ہوگا۔ خورشید اکبر صاحب فلسفیوں کے اسما کو جمع کرنے کے جوش میں اُن کے اِس امتیازی وصف پر توجہ نہیں کرتے۔ اس لئے کسی قسم کے نتیجے کے برآمد ہونے کی گنجائش یہاں ختم ہو جاتی ہے۔ اگر خورشید اکبر صاحب ان دونوں فلسفیانہ راستوں کے میل سے کوئی نئی راہ بنا سکتے ہیں تو انہیں اس کی وضاحت کر دینی چاہیے تھی نہ کہ ''احتساب کی ضرورت'' بتا کر کنارہ کش ہونا چاہیے تھا۔

صفحہ گیارہ کے آخر میں وہ یوں گویا ہوتے ہیں:

''فلسفی روسو کا قول ہے: ''انسان آزاد پیدا ہوا لیکن وہ ہر جگہ زنجیروں میں قید ہے۔'' یہ فلسفیانہ نکتہ 'نجات پسندی' کا ایک رہنما اصول بن سکتا ہے......''

روسو کے اس قول میں 'نجات پسندی' کہاں پوشیدہ ہے؟ روسو کا کہنا ہے کہ انسان قدرتی طور پر آزاد پیدا ہوتا ہے لیکن سامنتی نظام نے اسے قید کر رکھا ہے اور اس قید سے چھٹکارے کی بات وہ کرتا ہے۔ اب اگر خورشید اکبر صاحب 'نجات پسندی' کے اپنے فلسفے کو روسو سے جوڑتے ہیں تو جانے انجانے سرمایہ داری کی حمایت میں 'نجات پسندی' کا شگوفہ چھوڑ رہے ہیں۔ سرمایہ داری نے جس آزادی کی وکالت کی، وہ دراصل سامنتی تجارتی ممانعت، سماجی تعلقات، روایات، نظامِ حکومت اور مذہبی پابندیوں سے آزادی کی بات تھی۔ اب پتہ نہیں موصوف نے کس خوش فہمی میں روسو کے قول کو 'نجات پسندی' کا رہنما اصول بنانے کی

بات سوچی ہے۔

'نجات پسندی' کی اس بحث میں صفحہ بارہ پر موصوف 'حسن' کے تعلق سے بھی اپنے خیالات رقم کرتے ہیں:

''......جان کیٹس کا مشہورِ زمانہ مصرع ہے'':

''حسین شئے ایک ابدی مسرت ہے۔''

''['A thing of beauty is a joy forever']''

کچھ سطروں کے بعد وہ اسی صفحے پر کہتے ہیں:

''......جہاں بھی حسنِ ظاہری یا باطنی ہے وہی [وہیں] خیر اور صداقت ہے یا جہاں صداقت ہے وہاں خیر اور حسن ہے یا جو خیر ہے وہی حسن بھی ہے اور صداقت بھی۔''

خورشید اکبر صاحب نے نجات پسندی کی بحث میں کیٹس کے قول کو خاص اہمیت دی ہے۔ فلسفے کی بحث میں کیٹس کے تاثر کو اہمیت دینا حیرت میں ڈال دیتا ہے۔ حسن کوئی لاتعلق شئے نہیں ہے۔ حسن کا تصور بھی زمان ومکان کی تبدیلی کے ساتھ بدلتا رہتا ہے۔ مثلاً شمالی ہندستان میں گورے رنگ، کھڑی ناک ، بڑی آنکھیں اور لمبی گردن والی لڑکیاں خوبصورت سمجھی جاتی ہیں۔ جب کہ جنوبی ہند کے لوگ عام طور سے سیاہ فام ہوتے ہیں، ان کی گردن بھی چھوٹی ہوا کرتی ہے۔ ان کے درمیان شمالی ہندوستان کا تصور حسن رائج نہیں ہوسکتا۔ مکان کے بعد زمان کے حوالے سے گفتگو کریں تو مغلیہ دور میں جس طرح کے ملبوسات میں کسی خاتون کو حسین تصور کیا جاتا تھا وہ تصور عصرِ حاضر میں رائج نہیں۔ مصوری کے بدلتے Trend کو اگر ملحوظ رکھا جائے تو پھر کیٹس کے قول کی اہمیت سے از خود پردہ اٹھ جائے گا۔

اب حسن کے خیر وصداقت والے اقتباس کو لیتے ہیں۔ تاج محل کس قدر حسین ہے کہ پوری دنیا کے سیاح اسے اپنی آنکھوں میں بھرنے کے لئے ہندستان تشریف لاتے ہیں۔ تاریخ میں مشہور ہے کہ شاہ جہاں نے اسے اپنی بیگم ممتاز کی یاد میں بنوایا تھا۔ لیکن ان معماروں کا کیا ہوا جنہوں نے برسہابرس اس کی تعمیر میں اپنا خونِ جگر صرف کیا تھا۔ بادشاہ سلامت نے ان کے ہاتھ قلم کروا دیئے۔ اس اندیشے میں کہ یہ معمار ایسی کوئی دوسری عمارت کہیں اور نہ بنا دیں۔ کیا تاج محل کے حسن کے ساتھ ان معماروں کی خیر وابستہ ہے؟

خورشید اکبر صاحب نے مارکسزم سے استفادہ کرتے ہوئے صفحہ پندرہ پر 'نجات پسندی'' کی پانچویں خصوصیت کے تعلق سے لکھا ہے:

"''نجات پسندی' ہر نظریئے کو شک کی نگاہ سے دیکھتی ہے......''

دلچسپ امر یہ ہے کہ اداریہ نگار اس خیال کی روشنی میں نہ تو کیٹس کے قول کو دیکھتے ہیں اور نہ ہی حسن کے خیر سے تعلق کو۔

نجات پسندی سے متعلق پانچویں اور آخری سوال کے جواب میں جو صفحہ چودہ پر درج ہے، آخر میں لکھا ہے:

''......ترقی کی پہلی سطح مادّی ہوتی ہے اور بغیر مادّی آسائشوں اور فراغتوں کے 'نجات' کی دوسری بلند تر سطح [غیر مادّی/ روحانی] کو حاصل کرنا غیر ممکن نہیں تو بہت حد تک دشوار ضرور ہے۔''

یہاں نتیجہ یہ نکلتا ہے کہ نجات کی پہلی منزل مادّی آشائشوں کی حصولیابی ہے اور اس کی دوسری سطح غیر مادّی یا روحانی ہوگی۔ انسان دنیا بھر کی آسائشیں حاصل کر لیتا ہے تو اسے خدا یاد آتا ہے کیوں کہ گناہوں کے دلدل میں اتر کر جمع کی گئی دولت کو نہ تو وہ چھوڑنا چاہتا ہے اور نہ ہی اپنی آخرت کو خراب کرنے کا اس میں حوصلہ ہوتا ہے۔ یہ 'نجات' کی کوئی صورت نہیں ہے بلکہ سراسر موقع پرستی ہے۔ یہی مادّیت سے روحانیت کا سفر ہے۔

اس اداریئے کے آخر میں موصوف نے بحث کو ''تشنۂ تکمیل'' کہا ہے جو محض خاکساری نہیں ،حقیقت بھی ہے۔ اس پورے اداریئے کو کوئی فلسیانہ یا نظریاتی بحث کہنا دشوار ہے۔ ہاں یہ ایک علمی کھچڑی ضرور ہے۔ خورشید اکبر صاحب Utopia میں جی رہے ہیں۔ ان کا فلسفۂ نجات کسی ''رام راجیہ'' کے تصور کے موافق ہے جس کے خدوخال اب تک کسی پر واضح نہیں ہیں۔

◄◄ ● ►►

## ● ڈاکٹر ہمایوں اشرف

# بلند اقبال اور ''فرشتے کے آنسو''

ڈاکٹر بلند اقبال اردو فکشن میں ابھرتا ہوا نیا نام ہے، جن کی چھوٹی چھوٹی کہانیوں نے پڑھنے والوں کا ایک وسیع حلقہ بنا لیا ہے۔ موصوف پیشے سے فزیشین ہیں۔ ایک علمی اور ادبی گھرانے سے ان کا تعلق ہے۔ پاکستان کے مشہور شاعر حمایت علی شاعر کے صاحبزادے ہیں۔ انہوں نے کراچی کے داؤد میڈیکل کالج سے ایم بی بی ایس اور امریکہ سے انٹرنل میڈیسن میں ایم بی آئی ایم کی سند حاصل کی اور ان دنوں کنیڈا میں ایک ڈاکٹر کی حیثیت سے اپنی خدمات انجام دے رہے ہیں۔ ضامن جعفری نے بجا فرمایا ہے کہ:

> ''بلند اقبال انسانوں اور معاشرتی اقدار دونوں کے معالج ہیں۔ طبابت ان کا پیشہ ہے اور قلم ان کا تیشہ''۔

لہٰذا ایک طبیب اور ادیب ہونے کے ناطے وہ صحت مند معاشرہ کے لئے جسمانی، ذہنی اور تخلیقی نشو و نما پر زور دیتے ہوئے ان عوامل کی نشاندہی کرتے ہیں جو انفرادی اور سماجی ارتقا کی راہ میں حائل ہوتے ہیں۔ ان کے افسانوی موضوعات میں کہیں کہیں ایک خاص نوع کی بے رحمی پائی جاتی ہے لیکن اس بے رحمی میں نشتر لگانے والے ڈاکٹر جیسی ہمدردی موجود ہے۔

اس وقت میرے پیش نظر ڈاکٹر بلند اقبال کے افسانوں کا پہلا مجموعہ ''فرشتے کے آنسو'' ہے جس میں مختلف النوع موضوعات پر ۳۶ مختصر افسانے بعنوان ''یا بی بی سیدہ''، ''شکوہ''، ''فرشتے کے آنسو''، ''نہیں''، ''کارٹون''، ''سہاگ رات''، ''یہ کیسی بے وفائی ہے''، ''بے زمینی نسل کشی ہے''، ''ادھورا کافر''، ''فورتھ ڈائمنشن''، ''خدا کا بت''، ''اکیسویں صدی کی موت''، ''بیوی دوسرے کی''، ''بے وفائی''، ''انتظار''، ''لال چونا''، ''نروان''، ''Allegiance Pledge of''، ''بے بی کیئر سنٹر''، ''بنا پیندے کے لوٹے''، ''اندھا فرشتہ''، ''میوٹیشن''، ''گدھ''، ''آوارہ خیال''، ''پردے جو نفرتوں کے تھے''، ''بھینٹ''، ''ستیہ کے بکھرے ہوئے بال''، ''آدھا مرد''، ''ایمپٹی نیسٹ سنڈروم''، ''لفظ... جو طوائف بن گئے''،

''شرک''، ''اپوپٹوسس''، ''پراسرار مسکراہٹ''، ''ٹیڈی بیئر''، ''پہلا پیار'' اور ''تمنا'' شامل ہیں۔ ان افسانوں میں موضوعی تنوع کے ساتھ ندرت بھی ہے۔ بعض موضوعات تو ایسے ہیں جن سے عام قاری پہلی بار متعارف ہوگا۔ افسانہ نگار کی فکر بلند اور شعور پختہ ہے۔ انہوں نے اپنے مخصوص اسلوب میں جو بیانیہ خلق کیا ہے اس سے ان کی ہنرمندی کا پتہ ملتا ہے۔ ان کے اکثر افسانے فکر وفن کے اعتبار سے لائق توجہ ہیں۔ ڈاکٹر بلند اقبال کے افسانوں میں ہمارے معاشرے کے چبھتے ہوئے پُرفکر مسائل سے مکالمہ ہوتا ہے جو لمحے بھر میں قاری کو سوچ کی نت نئی جہتوں سے آشنا کرتا ہے۔ گویا ان کی بصارت فکر کے انگنت دریچے کھول دیتی ہے۔ سوال یہ ہے کہ آخر وہ کہانی کیوں لکھتے ہیں؟ اس کا مقصد کیا ہے؟

بلند اقبال ایک حقیقت پسندانہ وژن کے مالک ہیں۔ کہانیاں ان کے نزدیک ذہنی عیاشی نہیں بلکہ خوشنما رنگوں والی نیم آوارہ تتلیوں کی طرح ہیں جنہیں وہ گرفت میں لینا چاہتے ہیں لیکن کہانیوں کو جھلسا دینے والی آگ سے بھی تعبیر کرتے ہیں جو معنوی دھواں بھی پیدا کرتی ہے اور سوچ کے تمام بند دریچوں کو خاکستر کر کے اس میں پھر سے نئے رنگ بھرتی ہے۔ وہ ''کہانیاں اور میں'' میں لکھتے ہیں:

''کہانیاں.....جھلسا دینے والی آگ کی طرح ہوتی ہیں جو لفظوں کے دہکتے کوئلوں سے معنوں کا وہ دھواں پیدا کرتی ہیں جو سوچ کے تمام بند دریچوں کو راکھ کر دیتا ہے اور پھر نئے شگوفے کھلاتی ہیں، شبنمی قطروں سے، پتیوں کے رنگوں سے پھولوں کو نکھار دیتی ہیں اور خوشنما رنگوں والی نیم آوارہ تتلیوں کو پھر سے ان میں بسا دیتی ہیں.....کبھی انساں تو کبھی خدا بنا دیتی ہیں۔

کہانیاں.....انسانوں کی طرح تہہ در تہہ ہوتی ہیں۔ کبھی ہوا کے تند جھونکوں سے ان کی شوخی کے سارے رنگ اڑ جاتے ہیں اور بچ جاتا ہے محض ایک مادر زاد برہنہ سچ، جو خزاں رسیدہ پتیوں سے اپنے بدن کو بچانے کے بجائے تیز وتند جھونکوں سے تنہا ہی الجھ جاتا ہے۔

میں بھی کچھ ایسی ہی کہانیاں لکھنا چاہتا ہوں جو تتلیوں کی طرح سندر ہوں اور آگ کی طرح جھلسا دینے والی بھی، جو ناگن کی طرح ڈسنے والی ہوں تو منکہ کی طرح زہر چوسنے والی بھی۔

پچھلے چار پانچ برسوں سے میں کسی ایسی ہی سچی کہانی کی تلاش میں اپنی ذات کے اندر اترا ہوا ہوں''۔

(''فرشتے کے آنسو''، ص:۹-۱۰)

بلند اقبال کو جو چند سچی اور اچھی کہانیاں میسر آ گئی ہیں تو وہ دراصل ان کے اسی تلاش وجستجو کا ثمرہ ہیں۔ آیئے اب ان کی چند کہانیوں کے موضوعات پر طائرانہ نگاہ ڈالتے ہوئے ان کے فنی وفکری امتیازات

کی نشاندہی کرنے کی کوشش کرتے ہیں۔

اس مجموعے کی پہلی کہانی ''یابی بی سیدہ'' نہ صرف متاثر کرتی ہے بلکہ آبدیدہ بھی۔اس کہانی کا مرکزی خیال اولاد کی ذہنی نشوونما اور شخصیت کی تعمیر سازی میں ماں کی محبت اور ہدایت کی اہمیت پر اصرار کرتا ہے اور اس بات کی طرف اشارہ کرتا ہے کہ یہی اسباب اولاد کو والدین کی کمی کا ہمیشہ احساس دلاتے رہتے ہیں۔

یہ ایک شخص کی یادداشت پر مبنی وہ بیانیہ ہے جس میں کہانی کا مرکزی کردار اپنے ذہن کے آئینہ خانے میں اپنی ماں کی محبت، شفقت اور ہدایت کی جھلک بار بار دیکھتا ہے اور محسوس کرتا ہے کہ علم و کمال کے جو دروازے اس کے ذہن پر وا ہوئے ہیں، وہ اس کی ماں کی رہنمائی کے بغیر ممکن نہیں تھا اور یہی سبب ہے کہ اپنی ماں کے دنیا سے گزر جانے کے بعد وہ اپنی زندگی میں ایک خلا محسوس کرتا ہے:

''میری عادت تھی کہ میں اکثر اپنی اہم چیزیں بھی رکھ کر بھول جاتا تھا اور پھر پاگلوں کی طرح سارا گھر سر پر اٹھا لیتا تھا۔امی جب بھی مجھے اس حال میں دیکھتیں تو کہتیں...''بیٹے دل میں کہو...حضرت بی بی سیدہ، سلام کروں گا چودہ، میری کھوئی ہوئی چیز کر دو پیدا''۔''جب سے امی کھو گئی ہیں...میں نے ہر لمحے بی بی سیدہ سے یہی دعاء کی ہے''۔

(افسانہ ''یابی بی سیدہ''، ص:۱۴)

اس کہانی کا مرکزی کردار خود مصنف کی ذات ہے۔

''شکوہ'' بھی ایک موثر کہانی ہے۔اس کا مرکزی خیال عنوان کی مناسبت سے اس شکایت سے مملو ہے جو عصر حاضر کا انسان اپنی زندگی کی کربناکیوں اور المناکیوں سے تنگ آ کر اپنے خالق حقیقی سے کرتا ہے اور اس سے اپنی تخلیق کا مقصد جاننا چاہتا ہے۔

یہ ایک ایسے آرٹسٹ کی کہانی ہے جس کے ذریعہ کینوس پر بنائے گئے چہرے صدائے احتجاج بلند کرتے ہوئے سوال اٹھاتے ہیں کہ آخر اس نے انہیں بازار کی جنس کیوں بنا دیا ہے؟ کیا وہ محض بازار میں بکنے والی ایک شئے ہے؟ مصور بھی یہ سن کر انتہائی غمگین ہو جاتا ہے اور سوچتا ہے کہ اس نے یہ تخلیق کیا صرف اسے فروخت کرنے کی خاطر کی تھی۔وہ اپنے داخل میں اتر کر خود احتسابی سے گزرتا ہے اور پھر اپنے کرب کو خدا سے مکالمہ کرتے ہوئے یوں بیان کرتا ہے:

''میری تخلیق تو آرٹ گیلری میں محض ایک بار بکتی ہے اور تمہاری تخلیق یہاں دنیا میں بار بار...''۔

گویا مصور کو یہ خیال آتا ہے کہ انسان کی زندگی بھی تو آج ایک اشیائے خرید و فروخت بن کر رہ گئی

ہے اوراس کی ذہنی و باطنی کرید یہ سوچنے پر مجبور کردیتی ہے کہ شاید اس کے خالق کا مقصد بھی یہی ہے۔

یہ کہانی دراصل آج کے مارکیٹ کلچر کا نوحہ پیش کرتی ہے، جس نے ہر شئے کو خرید وفروخت کی جنس بنا کر رکھ دیا ہے۔ دیکھا جائے تو اس کہانی میں احتجاج بھی ہے، استفسار بھی اور انسانی کمزوریوں کی نشاندہی بھی۔

''فرشتے کے آنسو'' کائنات کی بساط پر انسان کی بے بسی کی ایک ایسی داستان ہے جسے افسانہ نگار نے علامتی انداز میں پیش کیا ہے۔

فرشتہ جسے انسانی اعمال لکھنے کے لئے خدا کی طرف سے مقرر کیا گیا ہے، ایک بے بس کوما کی حالت میں پڑی ہوئی بیمار لڑکی کی تقدیر لکھتے لکھتے ایک دن جب اس لڑکی کی بے چارگی اور بے بسی کو محسوس کرتا ہے تو خود بھی رو پڑتا ہے۔ لڑکی کی ماں جو اس بستر سے لگی لڑکی کی خدمت پر مامور تھی، ۲۱ برسوں تک مسلسل اس کی خدمت کرتے کرتے اور دوبارہ اس کی صحت کی امید دل میں لے کر آخر ایک دن اس دنیا سے رخصت ہو جاتی ہے اور اپنی ماں کی خدمت اور محبت سے محروم وہ لڑکی مکڑی کے جال میں پھنسی ہوئی کسی مکھی کی طرح دھیرے دھیرے اپنی موت کی طرف بڑھتی نظر آتی ہے:

> ''فرشتے نے لرزتے ہاتھوں سے دوبارہ قلم اٹھایا اور لکھنے کی کوشش کی مگر اسے لگا جیسے اس کا بنایا ہوا ہر لفظ اس کے آنسوؤں میں بھیگ کر اس کے روتے ہوئے دل کی تصویر بنتا جا رہا ہے۔ آہ..... کیا فرشتے رو نہیں سکتے..... اس نے خداوند تعالیٰ کے آگے سرنگوں کیا اور پھر پھوٹ پھوٹ کر رونے لگا''۔ (افسانہ ''فرشتے کے آنسو''، ص: ۲۰)

گویا اب فرشتے بھی انسان کے درد کی شدت کو محسوس کرتے ہوئے آنسو بہانے پر مجبور ہو گئے ہیں۔ اس کہانی پر اظہار خیال کرتے ہوئے افسانہ نگار انیس رفیع نے درست لکھا ہے:

> ''یہاں تین Characters ہیں۔ یہ تینوں صالح اور نیک قدروں کے حامل ہیں۔ جال میں پھنسی ہوئی مکڑی لڑکی کی اس شدید کشمکش جو زندگی اور موت کے بیچ ہوتی ہے کا معروضی اشارہ ہے اور افسانے میں تکنیکی Variety (ورائٹی) کا باعث بھی مگر فکری کردار میں متبدل نہیں ہو پاتی۔ بقیہ تینوں کردار افسانے کو ارتقائی مرحلوں سے گزار کر ایک Melodramatic موڑ پہ ختم کرتے ہیں۔ کیا فرشتے رو نہیں سکتے! اور یہ جملہ اس معصوم لڑکی جس کا جسم ۲۱ برس کا بے حس و حرکت مردے جیسا پڑا ہے، کے دل کی فریاد ہے۔ زندگی نے اسے زندگی کا حق نہیں دیا تو کیا وہ فریاد کے حق سے بھی گئی۔ افسانہ قدرت کی نامہربانیوں کی تمثیل ہے''۔ (مضمون ''بلند اقبال کے افسانے بحوالہ فرشتے کے آنسو''، ''تحریک ادب''، بنارس، کتابی سلسلہ نمبر ۴)

''نہیں'' بھی ایک قابل توجہ کہانی ہے۔ازدواجی زندگی کے اندرونی تضادات کے حوالے سے یہ کہانی اسلامی معاشرے کے بعض قوانین پر بحث کے دروازے کھولتی ہے جس کی آڑ میں مرد اپنی خودغرض جبلت کا مظاہرہ کرنے کا کوئی موقع ضائع نہیں کرنا چاہتے۔

کہانی کا مرکزی کردار ''آپا'' جو خوبصورت بھی تھیں اور ہوشیار بھی۔اپنی محبت، محنت اور ہوشمندی کے سبب اپنے شوہر کی زندگی کو بھی بدل دیتی ہیں اور دنیا سے لے کر دین تک کی جدوجہد میں وہ اپنے شوہر کا بھرپور ساتھ دیتی ہیں۔شوہر بھی انہیں دل وجان سے چاہتا ہے لیکن اولاد کی کمی کا احساس انہیں شدت سے رہتا ہے اور ایک دن جب ان کا شوہر ان سے اولاد کی خاطر شریعت کا حوالہ دیتے ہوئے دوسری شادی کی اجازت طلب کرتا ہے تو محبت اور عبادت کی ساری عمارتیں انہیں آن واحد میں زمیں بوس ہوتی ہوئی محسوس ہوتی ہے اور وہ اجازت دینے سے انکار کر دیتی ہے۔ یہاں کہانی کار نے ایک عورت کی سائیکی کو اس مہارت سے اجاگر کیا ہے کہ فلسفۂ حیات کے وضعی تمام افکار ونظریات اور مذہبی متعلقات بھی بے معنی ہو کر رہ گئے ہیں۔کہانی کار نے آپا کے کردار کو بڑی ہنر مندی سے Paint کیا ہے۔

''کارٹون'' ایک نہایت عمدہ کہانی ہے۔اس کے ٹریٹمنٹ میں کہانی کار نے اپنی ذہانت کا ثبوت بہم پہنچایا ہے۔پوری کہانی خودکلامی کے انداز میں سامنے آتی ہے۔یہ کہانی انسان کے دورخے پن اور دوہرے عمل کی ترجمانی کرتی ہے۔کہانی کار نے دکھاوے کی عبادت کی مذمت کرتے ہوئے یہ اشارہ کیا ہے کہ آج انسان عبادت کو بھی اپنی مادی ضرورتوں کے حصول کا ایک ذریعہ سمجھتا ہے۔

کہانی کا ہیرو شجاع ایک ایسا شخص ہے جسے اپنی آنکھوں کے سامنے ہمیشہ ایک کارٹون ناچتا ہوا نظر آتا ہے جو اس کی عبادت کے میکانکی انداز اور اس کے پیچھے چھپی ہوئی اس کی مفاد پرستی، ہوس اور خودغرضی کا پردہ فاش کر کے اس کا مذاق اڑاتا رہتا ہے۔وہ اپنے ضمیر کی آواز سے تنگ آ کر اپنے باپ کے سامنے اپنی کوتاہیوں کا اقرار کرتے ہوئے کارٹون سے نجات پانے کی کوئی تدبیر جاننا چاہتا ہے لیکن اسے جب یہ معلوم ہوتا ہے کہ اس کا باپ بھی خود انہیں اوصاف کا حامل ہے تو وہ حیرت زدہ رہ جاتا ہے اور اپنے باپ کی شکل بھی اسے کارٹون سی نظر آنے لگتی ہے۔

یہ کہانی اس بات کا اشارہ ہے کہ عبادت انسانی زندگی کو تو نہیں بدل پاتی لیکن سماجی اور اخلاقی زوال خود عبادت کی شکلیں ضرور بدل دیتی ہیں۔

''سہاگ رات'' بھی ایک خوبصورت اور فکر انگیز کہانی ہے۔ یہ کہانی شریعت کے قوانین کی تفہیم اور انسانی فطرت کے بنیادی تقاضوں اور ضرورتوں کے درمیان اس ٹکراؤ کا اظہار ہے جس کے سبب اکثر انسانی

زندگی قلبی عدم اطمینان اور ذہنی نا آسودگی کا شکار ہو جاتی ہے۔ یہ صورت حال انسانی زندگی میں حسن پیدا کرنے کے بجائے قبح پیدا کر دیتی ہے۔ کہانی کا مرکزی کردار تمام دوسری لڑکیوں کی طرح اپنی ازدواجی زندگی کا خواب دیکھتی آئی ہے اور مستقبل کے خوبصورت شہزادے کے حسین تصور میں کھوئی ہوئی سہاگ رات کی طرف بڑھتی ہے۔ لیکن سہاگ رات کا خوبصورت تصوراتی قلعہ اچانک اس وقت اس کے آنسوؤں کے سیلاب میں خس و خاشاک ہو جاتا ہے جب اس کے تصور کا شہزادہ بجائے اس کے حسن و جمال کی تعریف کرنے اور اس کی سپردگی کو قبول کرنے کے اسے سنت کی پیروی کرتے ہوئے دو رکعت نماز پڑھنے اور روشنی گل کر دینے کی ہدایت دے کر خود اس لئے غسل کرنے چلا جاتا ہے کہ وہ اسے مباشرت سے پہلے مذہبی نقطہ نظر سے واجب تصور کرتا ہے۔ یہ باتیں خود اس کے سپنوں کے شہزادے کے الفاظ میں ملاحظہ فرمائیں:

> ''محترمہ..... آپ دو رکعت نماز پڑھ لیجئے کہ سنت رسول ہے اور میں بھی غسل کر کے آتا ہوں کہ مباشرت سے پہلے واجب ہے اور..... ہاں، انہوں نے ایک طائرانہ نظر سے روشنی کی طرف دیکھا اور کہا، ''یہ روشنی گل کر دو، یہ مکروہ ہے''۔ کچھ ہی دیر میں باتھ روم سے آنے والی پانی کے گرنے کی آوازیں اور اس کی آنکھوں سے بہتا ہوا کاجل، اسے مذاہب کے روحانی اور سماجی ملاپ سے پیدا ہونے والی سہاگ رات کا مطلب سمجھانے لگے''۔
>
> (افسانہ ''سہاگ رات''، ص:۲۹)

یہ کہانی اس بات پر اصرار کرتی ہے کہ انسانی نفسیات اور فطری جذبات کے تقاضوں کو کسی فلسفہ حیات یا مذہبی اصولوں کے ذریعہ پورا نہیں کیا جا سکتا۔

''یہ کیسی بے وفائی ہے'' کا موضوع بھی اچھوتا اور پر اثر ہے۔ یہ کہانی ہم جنس پرستوں کے غیر فطری رشتوں کے اس منفی اثرات پہ روشنی ڈالتی ہے جو مرد و زن کے درمیان فطری جنسی رشتوں پر خطرناک اور کاری ضرب لگاتے ہیں۔

کہانی اپنے مرکزی کردار عفت کی اپنے شوہر کے لئے حسن ظن اور اس کی مثالی شخصیت پر اعتماد کے گرد گھومتی ہے جسے ایک دن اس وقت زبردست جھٹکا لگتا ہے جب وہ اسے اس کے بچپن کے دوست شرافت بھائی کے ساتھ غیر فطری جنسی عمل میں مشغول دیکھ لیتی ہے۔ مردوں کے پرائی عورتوں کے ساتھ جسمانی تعلقات کے متعلق تو وہ جانتی تھی لیکن مردوں کے درمیان اس جنسی تعلق کو وہ بے وفائی کے کس خانے میں رکھے، اس کی سمجھ میں نہیں آ رہا تھا۔

اس کہانی کا اختتام بالکل غیر متوقع ہے جو پڑھنے والے کو زبردست طریقے سے چونکاتا ہے۔

''بے زمینی نسل کشی ہے'' ہجرت کے پیچیدہ مسائل پر مبنی ایک عمدہ کہانی ہے جو اس بات کی طرف اشارہ کرتی ہے کہ جدید ترین مادّی وسائل اور سہولیات کی تلاش میں اپنی پسماندہ سرزمین چھوڑ کر ترقی یافتہ ممالک کی طرف ہجرت کا عمل انسان کو بے زمینی اور بے وجودیت کے ایسے احساسات سے دو چار کر دیتا ہے جو صحت مند شخصیت کی تعمیر کے لئے انتہائی مضر ثابت ہوتا ہے اور نسل کشی کے مترادف بھی۔ ترقی اور خوشحالی کا حل بود و باش کے تبادلے میں نہیں بلکہ اس تاریخی عمل کے ساتھ مضبوط رشتے پر منحصر ہے جو وقت کے تقاضوں کے مطابق رونما ہوتا ہے۔ یعنی معاشی اور اقتصادی تبدیلیاں فرد کے لئے سماجی، تاریخی اور سیاسی تبدیلیوں سے گزرے بغیر ممکن نہیں۔

کہانی ایک ایسی عورت کے گرد بنی گئی ہے جو تیس سال قبل بہتر مستقبل کی تلاش میں اپنے ملک پاکستان کو خیر باد کہہ کر امریکہ آبستی ہے۔ اب وہ صاحب اولاد بھی ہو چکی ہے لیکن اسے اپنا ملک ہر وقت یاد آتا رہتا ہے اور بے زمینی کا یہ احساس اسے انتہائی دکھی اور مایوس کر دیتا ہے۔ اسے محسوس ہوتا ہے کہ یہاں اس کے بچے اپنی نسلی پہچان کھو چکے ہیں۔ لیکن اسی درد کے احساس سے گزرتے ہوئے وہ اس حقیقت کا ادراک بھی کرتی ہے کہ نسلی تحفظ کا دارومدار جغرافیائی تبدیلیوں کے بجائے تاریخی تبدیلیوں سے اپنے رشتے کو مضبوط کرنے میں ہی مضمر ہے:

> ''وقت تو عفریت کا روپ دھار چکا تھا۔ جس کی زبان لمبی اور دانت خون آلود تھے۔ جس کا پھولا ہوا پیٹ تاریخ کے سارے گھناؤنے راز سمیٹے بے ہنگم انداز میں، آنے والی نسل انسانی کو پھر سے ڈکارنے تیار بیٹھا تھا۔ کتابوں کے ہر صفحے پر لفظ روتے تھے، دیومالائی کہانیاں ہوں یا آسمانی صحیفے، پیغمبروں کے قصے ہوں یا زمان و مکان کے جھگڑے، ہر لفظ آنسوؤں کی شکل بن بن کر بہتا تھا''۔ (افسانہ ''بے زمینی نسل کشی ہے''، ص: ۳۳-۳۴)

''ادھورا کافر'' بھی ایک دلچسپ کہانی ہے جو انسانی نفسیات کی پیچیدگیوں پر سے پردہ ہٹاتی ہے۔ یہ دولت کے نشے میں سرشار، شراب و شباب کے رسیا ایک شخص جبران کی کہانی ہے جو نہایت پڑھا لکھا، ترقی پسند، آزاد خیال اور ذہین بھی ہے۔ پچیس سال کی عمر میں ایک نہایت حسین لڑکی نیلوفر سے اس کی شادی ہو جاتی ہے۔ لیکن جلد ہی اسے محسوس ہوتا ہے کہ ذہنی معیار کے اعتبار سے نیلوفر اس کے لائق نہیں۔ وہ مستقل نئی دوسری عورتوں میں دلچسپی لیتا رہتا ہے اور ایک دن وہ نیلوفر کو طلاق دے کر اسے اور اپنی دو سالہ بیٹی کو چھوڑ کر امریکہ چلا جاتا ہے جہاں کا ماحول اسے ذہنی سفر کے لئے بہت سازگار ثابت ہوتا ہے۔ اپنی ذہانت کے سبب وہ ترقی کی بلندیوں کو چھو لیتا ہے اور ساتھ ہی جنسی تسکین کی آبیاری کے لئے بھی وہاں اسے بے شمار مواقع ملتے ہیں۔ لیکن آخر کار اسے محسوس ہوتا ہے کہ ان تمام سہولیات، عیش و عشرت کے مواقع اور جنسی آسودگی کے باوجود ایک نامعلوم سا خلاء اور ذہنی ناآسودگی ہمیشہ اسے بے چین کئے رہتی ہے۔ یہ اس کی اس

بیٹی کی کمی کا احساس ہے جسے وہ دو سال کی عمر میں چھوڑ آیا تھا۔ایک اقتباس دیکھئے:

''جبران کو شاید پتہ تھا کہ مذہب علامتوں میں اترا تھا، اسی لئے اس نے ایمان کا وہ راستہ چنا جو کٹھن فکر کا تھا، ایسا راستہ جس کی منزلیں کبھی کبھی دبے منزل بھی کر دیتی ہیں۔ کچھ ہی سالوں میں اسے محسوس ہونے لگا کہ شاید اس کے مقدر میں بھی خدا کی طرح تنہائی ہے''۔

(افسانہ ''ادھورا کافر''، ص:۳۶)

''فورتھ ڈائمنشن'' بھی ایک قابل قدر کہانی ہے جس میں کہانی کار نے مطالعۂ کائنات کے توسط سے انسان اور خدا کو پیش کرنے کی کاوش کی ہے اور کہانی کے بنت میں بعض ایسے بلیغ اشارے کئے ہیں جو قاری کو غور و فکر پر مجبور کر دیتے ہیں:

''کہتے ہیں اس رات خدا اور انسان کا ملاپ ہوا تھا اور پھر اس روتے سسکتے ہوئے انسان کے شعور پر چوتھے ڈائمنشن کا دروازہ کھل گیا تھا جس سے نکلتی ہوئی روشنیاں کائنات کا سینہ شق کر گئی تھیں اور چند انمٹ سوالیہ نقوش چھوڑ گئی تھیں۔خدا کی تخلیق خدا جیسی کیوں نہیں ہے''؟

(افسانہ ''فورتھ ڈائمنشن''، ص:۳۹)

بلند اقبال کی بعض ایسی کہانیاں ہیں جن میں انسان اپنے وجود کے ہونے پر کافی غور و فکر کرتے ہوئے خدا سے بھی مسلسل مکالمہ جاری رکھتا ہے۔افسانہ ''خدا کا بت'' میں بھی کچھ اسی طرح کی عکاسی ہوئی ہے۔یہ کہانی انسانی بے بسی اور محرومی کی اس انتہا کی علامت ہے جو خالق کائنات کی بے بسی کا بھی مذاق اڑاتی نظر آتی ہے۔ کہانی کا مرکزی کردار آزر ایک بت تراش ہے۔اس کے بنائے ہوئے بت انسانی زندگی کی کربناک علامت بن کر سامنے آتے ہیں۔ایک دن اس نے خدا کا بت بنانے کا فیصلہ کیا اور کافی غور و فکر کے بعد جب وہ خدا کا بت تراشتا ہے تو لوگ اس کے خلاف ہو جاتے ہیں اور اسے ان کے عتاب کا شکار ہونا پڑتا ہے:

''پھر یہ ہوا کہ آزر کے گھر کو آگ لگا دی گئی اور پھر اسے بھی زندہ جلا دیا گیا۔آزر جلتا رہا اور لوگ تماشا دیکھتے رہے مگر کسی نے نہ دیکھا کہ اس کے راکھ ہوئے گھر میں ایک کچی مٹی کا بت بھی پک کر کندن ہو چکا ہے۔آزر کا بنایا ہوا خدا کا بت۔ایک چھوٹے سے معصوم بچے کا بت۔ جو لاغر، کمزور اور ننگا تھا، جس کے ہاتھوں پیروں کی ہڈیاں اور سینوں کی پسلیاں سوکھی ہوئی تھیں، جس کی بھوکی آنکھوں میں آنسو تھے اور جس کے ہاتھ میں خالی پیالہ تھا''۔ (افسانہ ''خدا کا بت''، ص:۴۱)

کہانی کار نے یہاں آزر جیسے تاریخی کردار کی بازدید کرتے ہوئے جو اشارے کئے ہیں، ان میں شکلیں ایسی ہی کیوں بنتی ہیں۔ یہ وہ علامتی سوال ہے جس میں ایک نئے قسم کے احساس کی کارفرمائی محسوس

کی جا سکتی ہے۔ بلاشبہ یہ بلند اقبال کی ایک شاہکار کہانی ہے۔

اپنے منفرد لب و لہجے اور اسلوب کے لحاظ سے ''بیوی دوسرے کی'' بھی ایک قابل توجہ کہانی ہے۔ کہانی کار نے اس میں نفسیاتی ٹریٹمنٹ سے خوب کام لیا ہے۔ انسانی فطرت کی گہرائیوں میں دبی ہوئی بعض خواہشیں ایسی بھی ہوتی ہیں جن کے حصول کی کوششیں انسان کو مضحکہ خیز اور اس کے عمل کو ناپسندیدہ بنا دیتی ہیں۔ کچھ لوگوں کو دوسرے کی چیزیں اس قدر پرکشش معلوم ہوتی ہیں کہ وہ ان کے حصول میں دیوانے ہو جاتے ہیں اور اپنی دسترس کی نایاب چیزوں کو بھی کھو دیتے ہیں۔ زیر نظر کہانی کا مرکزی کردار عبدالجبار ایک ایسا ہی شخص ہے جسے دوسرے کی بیویاں بہت اچھی لگتی ہیں۔ اور وہ کسی نہ کسی طریقے سے انہیں حاصل کرنے کی کوشش میں سرگرداں رہتا تھا۔ اکثر وہ اپنی اس کوشش میں کامیاب بھی ہو جاتا تھا۔

اس کی بیوی خود بھی نہایت حسین تھی لیکن وہ اس کے باوجود دوسرے کی بیویوں کے حصول میں مصروف رہتا تھا۔ بیوی کے لئے اس کی یہ حرکت جب ناقابل برداشت ہوگئی تو وہ بالآخر طلاق لے لیتی ہے۔ طلاق کے بعد وہ اور بھی زیادہ آزادی کے ساتھ اپنی اس عجیب و غریب جدوجہد میں مصروف ہو گیا۔ ایک دن وہ ایک انجان شخص کی انتہائی خوبصورت سی نئی دلہن کو دیکھ کر پاگل ہو گیا اور اپنی فطرت سے مجبور ہو کر اس کی طرف لپکتا ہے تو وہ اس کی سابقہ بیوی نکلتی ہے جسے اس نے طلاق دے دیا تھا۔ اس کہانی میں آج کی جدید کہانی کے تمام تر لوازمات بدرجہ اتم موجود ہیں۔

''بے وفائی'' ایک ایسے شخص کی کہانی ہے جو اپنی بیوی سے بے پناہ محبت کرتا تھا اور یہ خواہش رکھتا تھا کہ مرنے کے بعد وہ اپنی بیوی جس کا انتقال سات سال قبل ہو چکا تھا، کی قبر کے بغل میں دفن ہو سکے۔ وہ سات سال سے روزانہ اس کی قبر پہ جاتا اور اس کی صفائی اور دیکھ بھال میں شرکت کیا کرتا تھا۔ ایک دن اپنی بیوی کی قبر کے بغل میں کسی اور شخص کی قبر کو دیکھ کر بے انتہا دکھی ہوتا ہے۔ وہ سوچتا ہے کہ وہ اپنا وعدہ اپنی مردہ بیوی سے وفا نہیں کر سکے گا۔ اس کیفیت نے اسے توڑ کر رکھ دیا۔ اور وہ زار و قطار رونے لگتا ہے۔ تبھی قبرستان سے ملحق مسجد کے مولوی صاحب آ کر اسے بتاتے ہیں کہ زمین پر ملکیت کا فیصلہ صرف اللہ کے ہاتھ ہوتا ہے، کسی بندے کے نہیں۔

''انتظار'' بھی ایک عمدہ اور توانا کہانی ہے جس میں زندگی کے المیے کو خوبصورتی سے قابل قبول بنا کر پیش کیا گیا ہے۔ زندگی کا تصور خواہ وہ خوبصورت ہو یا تکلیف دہ، انسان کے لئے ہمیشہ پرکشش ہوتا ہے۔ اس کے مقابلے میں موت ایک انتہائی کرب ناک اور ناپسندیدہ شئے ہوتی ہے۔ خاص کر ایسی صورت میں جب موت آنکھوں کے سامنے ہوتی ہے۔

اس کہانی میں رونما ہونے والا ایک چھوٹا سا واقعہ اپنی تخلیقی وسعت کے سبب پورے معاشرے کو اپنی

گرفت میں لے لیتا ہے۔ کہانی کی مرکزی کردار میرین کار سے گزرتے ہوئے سڑک کے کنارے ایک سوکھے پیڑ کے نیچے بیٹھے ہوئے ایک انتہائی ضعیف شخص کو دیکھ کر بہت غمزدہ ہو جاتی ہے۔ کیونکہ اس منظر کو دیکھ کر اسے اپنی موت بھی سامنے کھڑی محسوس ہونے لگتی ہے۔ وہ خود برین کینسر میں مبتلا تھی اور ڈاکٹر نے جب اسے یہ بتایا کہ اس کی زندگی کی مہلت صرف دو تین مہینے سے زیادہ نہیں تو وہ اس قدر آزردہ اور مایوس ہو جاتی ہے کہ واپسی کے سفر میں وہ اسی پیڑ کے نیچے جہاں اب اسے صرف وہ سوکھا پیڑ ہی ایستادہ نظر آ رہا تھا اور وہ بوڑھا غائب تھا۔ موت کے آنے والے کالے لمحے کے تصور میں بیٹھ کر رونے لگتی ہے۔ اس کہانی میں بلند اقبال کی فنکاری عروج پر نظر آتی ہے۔

اس مجموعے میں بعض اور بھی کہانیاں ایسی ہیں جن پر گفتگو کی جا سکتی ہے۔ مثلاً ''آدھا مرد''، ''پہلا پیار''، ''اندھا فرشتہ''، ''لفظ... جو طوائف بن گئے''، ''بھینٹ''، ''گدھ''، ''اکیسویں صدی کی موت''، ''شاہ دولہ کے چوہے'' اور ''میوٹیشن'' اپنے موضوعات کے لحاظ سے قابل لحاظ کہانیاں ہیں۔ ''پہلا پیار'' میں معاشرے میں جاری و ساری سیاہ کاریوں پر سے پردہ اٹھایا گیا ہے۔ بلند اقبال نے اس کہانی میں بچوں پر جنسی زیادتی جیسے معاشرتی جرم کے پیچھے چھپے نفسیاتی المیے کو انوکھے زاویے سے پیش کیا ہے۔ ان کا جملہ ہے کہ ''ماسٹر شریف تو دو سال بعد اسکول چھوڑ گئے مگر رحیم داد کی روح کو عمر بھر ڈسنے کے لئے رینگتے سانپ چھوڑ گئے''۔ ''گدھ'' بھی لمحے بھر کی ایک طویل داستان ہے جسے پڑھ کر عصمت چغتائی کے ''لحاف'' کی یاد تازہ ہو جاتی ہے۔ ''میوٹیشن'' Sex Transformation پر مبنی ایک اچھوتی اور انوکھی کہانی ہے۔ اردو میں اس موضوع کو شاید ہی برتا گیا ہو۔ بلند اقبال نے اس میں مرد کی نفسیات، اس کی جنسی برتری کے المناک زوال اور اس کی نفسیاتی کم مائیگی کو اس ہنرمندی اور چابکدستی سے تخلیق کیا ہے کہ فنکاری کی داد نہ دینا یقیناً بے انصافی ہوگی۔ ''لفظ... جو طوائف بن گئے'' میں بھی ایک اہم نکتہ پیش کیا گیا ہے۔ اب قلم کاروں کے لئے لفظ بے قدرے ہو چکے ہیں اور لفظوں کا کردار طوائف سے مختلف نہیں رہا۔ اس کہانی میں آج کے تخلیق کاروں کی بے بسی کی آئینہ داری کی گئی ہے اور یہ بتانے کی کاوش کی گئی ہے کہ وہ بوجوہ اپنے لفظوں کو اپنی مرضی کے خلاف استعمال کرتا ہے۔ کہانی کا اختتام کافی چونکانے اور پریشان کرنے والا ہے۔ چند جملوں میں جابجا بکھری ہوئی طنزیہ کاٹ اور تخلیق کار کے کرب کو آپ بھی محسوس کیجئے:

''اور جب وہ جوان ہوئی تو کافی عرصے تک خود کو آئینے میں ڈھونڈتی رہی... کوئی چاند چہرہ، کوئی ستارہ آنکھیں، کوئی سروقد، کوئی چمپئی رنگت، کوئی جو مسکرائے تو دیکھنے والی آنکھوں میں نشہ سا چھا جائے، کوئی جو اٹھلائے تو جاتی ہوئی بہار کے بھی قدم ڈگمگا جائیں... آہ! مگر ایسا تو کوئی بھی آئینے میں نہیں تھا... بس ایک چیچک زدہ سا چہرہ اور دو بجھتے ہوئے دیئے جیسی آنکھیں... پھر

ایک دن تھک ہار کر وہ کتابوں میں کھوگئی۔ کتابیں جو اس کے اندر کی سچائی کو باہر کی بدنمائی سے ملاکر اسے خوبصورت بنا دیں۔ کتابیں جو بدنما لفظوں کے آئینے سے نکال کر اسے خوبصورت معنوں کی دنیا میں پہنچا دیں...مگر لفظ بھیانک تھے...وہ کسی کے نازک لبوں اور لچکتی کمر کی تعریفوں میں بسے ہوئے تھے۔ وہ کسی دہکتے گالوں اور سنہری زلفوں کے تاروں میں الجھے ہوئے تھے۔ وہ حسن اور عشق کی بارگاہ میں کسی طوائف کی طرح ناچ رہے تھے۔...اس نے ساری کتابیں آگ کی نذر کر دیں اور...ان ادیبوں کی تلاش میں نکلی...دروازہ کھٹکھٹایا تو اس کی آنکھیں حیرانی سے پھٹی کی پھٹی رہ گئیں...وہ تخلیق کار تو اس سے بھی زیادہ بدصورت تھا۔...اس نے روتے ہوئے پوچھا...کیوں؟
ایک لفظ بھی ان کتابوں میں تمہارے بارے میں نہیں...آخر کیوں؟

بدصورت تخلیق کار نے اسے مسکرا کر دیکھا اور کہا...تم نے کتابیں تو پڑھ لیں مگر شاید ٹائٹل نہیں پڑھا...لفظ...جو طوائف بن گئے''۔ (افسانہ ''لفظ...جو طوائف بن گئے''، ص:۹۷)

غرض کہ بلند اقبال کو کہانی کہنے کا فن آتا ہے۔ وہ اس کے فن اور تکنیک سے واقف ہیں۔ ان کی فکر رسا اور بلند ہے۔ اسی لئے ان کی کہانیاں ترقی یافتہ دنیا اور اس کے فعال معاشرے کے ظاہر و باطن کو پوری طرح آشکار کرتی ہیں۔ ان کی کہانیوں کی بنت اور موضوعات میں تنوع ہے جو ان کے معاصرین سے قدرے مختلف اور پر اثر ہیں اور یہ بلاشبہ قارئین کی بصیرت و بصارت پر فکر کے انگنت در وا کر دیتے ہیں۔ ان کا اسلوب بھی ان کی انفرادیت کا ضامن ہے۔ اس میں بلا کی ندرت، دلکشی اور محاورے کی چاشنی موجود ہے۔ زبان شستہ ہے۔ راست و پیچیدہ بیانیہ دونوں قسم کی مثالیں ان کے یہاں ملتی ہیں۔ ان کی کہانیاں مختصر اور جامع ہوتی ہیں جو قاری کے ذہن پر گہرے ارتسامات ثبت کرتی ہیں۔

بلند اقبال ابھی اپنی افسانہ نگاری کے آغاز سفر میں ہیں۔ ان کے نقش اوّل نے ہی جو تخلیقی جوت جگائی ہے اور جس طرح کا بیانیہ خلق کیا ہے وہ یقیناً ان کے آگے اور بہت آگے جانے کی بشارت دیتا ہے۔ میں ان کی ذات سے اردو فکشن کی بہترین خدمات کی توقع رکھتا ہوں اور امید کرتا ہوں کہ اردو فکشن میں ان کا اقبال یقیناً بلند ہوگا۔

◄◄ ● ►►

● ڈاکٹر ندیم احمد

# منفرد لب و لہجے کا شاعر: سرورؔ جہان آبادی

درگا سہائے سرورؔ اردو نظم گو شعرا میں منفرد مقام رکھتے ہیں۔ان کی پیدائش ۱۸۷۳ میں جہان آباد ضلع پیلی بھیت میں ہوئی تھی آپ کے والد حکیم پیارے لال کا شمار جہان آباد کے رؤسا میں کیا جاتا تھا۔ سرورؔ نے تحصیل اسکول جہاں آباد سے ورنا کولر مڈل کا امتحان اول درجہ سے پاس کیا تھا اور انگریزی زبان کی تعلیم منشی شیو سہائے سے حاصل کی اور انٹرنس کا امتحان بھی انگریزی مضمون کے ساتھ پاس کیا۔ علاوہ ازیں مولوی سید کرامت حسین بہار، سے انہوں نے فارسی زبان پڑھی اور انھیں سے نظموں پر اصلاح بھی لینی شروع کر دی۔ مگر وہ خود کو بیان اور یزدان کا شاگرد کہلانا زیادہ پسند کرتے تھے۔ ابتداء میں وہ وحشت تخلص کرتے تھے مگر بعد میں سرورؔ رکھ لیا جو تاحیات قائم رہا۔ ان کی شعری مجموعے: وصال، خون ناحق، جام سرور اور خمخانہ سرور ادبی حلقوں میں کافی مقبول ہیں۔

سرور شاعری میں نوعمری سے ہی دلچسپی لینے لگے تھے یہی وجہ ہے کہ اکثر شعری ذوق رکھنے والی شخصیات سے ہی وہ زیادہ رغبت رکھتے تھے۔ کچھ چھوٹی موٹی ملازمتوں کو ترک کرنے کے بعد انہوں نے خاندانی پیشہ طب اپنایا مگر شعری ذوق کی وجہ سے اسے وہ زیادہ وقت نہیں دے پاتے تھے۔ اپنی اہلیہ اور اکلوتے بیٹے کی کم عمری ہی میں وفات کے بعد سرور کو یہ دنیا کسی کام کی نہ لگی اور اس غم کو بھلانے یا پھر تنہائی دور کرنے کے لئے انہوں نے رندی کو گلے لگا لیا۔ یہی وجہ ہے کہ ۳۷ برس کی کم عمر میں ۱۹۱۱ء میں ان کا انتقال ہو گیا۔

سرور کی مقبولیت اس بات سے ظاہر ہوتی ہے کہ اردو ادب میں ہی نہیں بلکہ ہندوستانی ادب میں دلچسپی رکھنے والا کوئی بھی فرد ان کے نام سے نا آشنا نہیں ہوگا۔ وہ ایک لائق و فائق شاعر تھے۔ انہوں نے اپنی مختصر سی زندگی میں اپنے کلام میں وہ جوہر و رنگ پیدا کیے جو اردو کے چند نظم گو شعرا کے یہاں ہی دیکھنے کو ملتے ہیں۔ اصلاً وہ نظم گو تھے مگر انہوں نے غزلیں بھی لکھیں مگر انکی تعداد نہ کے برابر ہے۔ سرور کی نظموں کو پڑھ کر یہ اندازہ بآسانی لگایا جاسکتا ہے کہ وہ اردو نظم نگاری کی روایت میں ایک نئی داغ بیل ڈالنے کے لیے

ہمیشہ کوشاں رہے اور اپنے اس مقصد کی پامالی میں بہت حد تک کامیاب بھی رہے ان کی نظموں میں تغزل کی شان با کثرت موجود ہے ان کی زبان اس قدر سادہ سلیس اور رواں دواں ہے کہ قاری کو پڑھتے وقت ادبی مٹھاس کا احساس خود بخود ہوتا رہتا ہے ان کی نظموں میں یاس ناامیدی یا پھر قنوطیت کے لیے کوئی گنجائش نہیں ہے بار بار پڑھنے پر بھی یہ نئی نئی سی معلوم ہوتی ہیں انہوں نے نادر تشبیہات ، استعارات اور علامتوں کے علاوہ نیچرل شاعری کے ذریعے اپنی نظموں میں ایسی حسین وجمیل شعری فضا پیدا کی ہے جو انھیں قدیم نظم گو شعرا سے جدا کرتی ہے اور ان کی عظمت کو مسلم کرتی ہے۔

ابتدا میں ان کی نظمیں ''انیس ہند'' میرٹھ سے شائع ہوئیں مگر بعد میں ''اردوے مسلم''، ''مخزن'' اور ''زمانہ'' جیسے رسائل میں با کثرت شائع ہونے لگیں۔ رسالہ ادیب، سرور کو مقبولیت دلانے میں کافی اہم رہا ہے ان کی تین مشہور نظمیں نیچرل شاعری، نور جہاں کا مزار اور بے ثباتی دنیا، اسی رسالے میں شائع ہوئیں ان نظموں نے اردو شاعری میں سرورؔ کی انفرادیت اور ان کے مخصوص جدت بیان کو نیے زاویے سے نقادوں کو سوچنے پر مجبور کردیا۔

حالانکہ نیچرل شاعری کی ابتدا تو حالؔی اور آزادؔ نے کی تھی مگر اس کو اور بھی تابتدار سرورؔ نے بنایا سرور کی نظموں میں فکر وبصیرت کے علاوہ بیانیہ کا وہ انداز ہے جو دیگر شعرا کے یہاں کم ہی دیکھنے کو ملتا ہے۔ ان کی بیشتر نظموں میں ''آہ'' لفظ کو ایک اہم علامت کے طور پر بار بار استعمال کیا گیا ہے جس سے ان کی طبیعت کے سوز وگداز کی جانب اشارہ ملتا ہے۔ سرور کی نظموں کے مطالعہ کے بعد یہ بات صاف طور پر کہی جاسکتی ہے کہ انھیں اپنے تجربات اور مشاہدات پر کافی اطمینان تھا جس کا استعمال انہوں نے جابجا کیا ہے اور جس موضوع پر بھی نظم لکھی ہے اپنی دوررس نگاہ اور فکری پختگی سے اسے لازوال بنانے کی سعی کی ہے۔ ایک ہی موضوع پر لکھی گئی ان کی بیشتر نظموں میں بھی ذخیرہ الفاظ اور تخیل کی بلند پروازی دردوسوز اور وقوفی تپش کا وہ جم کر اور کھل کر استعمال کرتے ہیں اور ان کا یہی فن انھیں اردو کے اہم شعرا کی صف میں شامل کراتا ہے۔

ان کی نظموں کو پڑھنے کے بعد اکثر یہ انداز ہوتا ہے کہ انہوں نے بیشتر نظمیں خود تحریر کی ہیں مگر چند نظمیں دیگر زبانوں سے بھی ترجمہ کی گئی ہیں کارزار ہستی، جہاں میز پر اکڑ کی نظم کا ترجمہ ہے وہیں رپائے اکبری میں لارڈ ٹینیسن کی Akbers Dream کے کئی بندوں کا ترجمہ پیش کیا گیا ہے۔ اسی طرح کوئل، مرغابی، جمنا، ترانہ ہند، حسرت دیدار اور سال گذشتہ سب انگریزی نظموں کے تراجم ہیں دیوار کوہن اور نابینا پھول والی اور ملک اخزری جیسی نظموں کا خاکہ بھی مغربی نثر سے اٹھایا گیا ہے۔

سرور نے الگ الگ موضوعات پر نظمیں لکھیں مگر ان کی سب سے کامیاب اور مکمل نظمیں حب

الوطنی پر کہی جاسکتی ہیں جن کی تعداد ۶ ہے خاک وطن، ان کی پہلی حب الوطنی پر لکھی نظم ہے جس میں ہندوستان کی تاریخی عظمت کا احاطہ پیش کیا گیا ہے۔ دوسری نظم عروس حب وطن رہے تیسری نظم کا عنوان ''مادر وطن'' ہے جو ان کی سب سے مقبول نظم ہے۔ ''اندوہ غربت'' بھی اسی ضمن کی چوتھی نظم ہے جبکہ ''یاد وطن'' ان کی چھٹی نظم ہے جس میں حب الوطنی کے جذبے کو نہایت انکساری کے ساتھ پیش کیا گیا ہے۔ حب الوطنی سے سرشار ان کی یہ نظمیں ان کے سماجی اور اجتماعی شعور کی عکاس ہیں جن میں توازن کے ساتھ سوچے سمجھے خیالات کی تصویر کشی بھی کی گئی ہے۔ علاوہ ازیں عورتوں کے حالات جذبات اور ان کی نفسیات پر بھی سرور نے کافی نظمیں لکھی ہیں ان میں پدمنی، دمن اور ہنس، سیتا کی گریہ وزاری اور ادائے شرم میں انہوں نے ہندوستانی خواتین کی عظمت، ان کے احساسات اور ان میں موجود شرم وحیا کے زیور کی بھرپور عکاسی کی ہے۔ سوز بیوگی اور فریاد بیوگان میں انہوں نے بیوہ عورتوں کی بیچارگی کی جانب سماج کی توجہ مبذول کرانے کی کوشش کافی سادگی بھرے انداز میں کی ہے جس سے ان کے خیالات کی پاکیزگی کا اندازہ بخوبی لگایا جاسکتا ہے۔ مذہبی امور پر بھی انہوں نے کچھی جی اور ''وید مقدس'' جیسی اہم نظمیں لکھیں جن میں غضب کی سادگی اور روانی ہے۔

سرور کی شخصیت اور شاعری کا یہ وقت بھی توجہ کا طلب گار ہے کہ وہ ایسی جگہ پیدا ہوئے جہاں شاعری کے لیے کوئی وسیع میدان نہ تھا کوئی اچھا استاد موجود نہ تھا ماحول بھی غیر ادبی اور تعلیمی اعتبار سے ناموزوں تھا۔ زباں بھی دہلی اور لکھنؤ سے جدا تھی لیکن انہوں نے اپنی ذہنی کاوش ذاتی مطالعہ اور مشق سخن کی کثرت سے اپنی زبان کو کوثر و تسنیم کے چشموں کی مانند صاف شفاف اور چمکدار بنایا جس کی مثال ان کی نظموں کے ایک ایک مصرعے میں دکھائی دیتی ہے وہ زبان پر پوری گرفت وقدرت رکھتے ہیں اور مشکل سے مشکل خیالات کو سادگی بھرے انداز میں کچھ اس طرح کہہ دینے کا ہنر جانتے ہیں جس کا اثر تادیر قائم رہتا ہے۔ تشبیہات اور صنعتوں کے استعمال میں وہ حد درجہ ماہر ہیں اور ہمیں یہ احساس کراتے ہیں کہ ان کی مستعمل یہ ساری لفظیات انھیں کی ایجاد کردہ ہیں اس کا بہترین نمونہ ''بیر بہوٹی نام'' کی وہ مشہور نظم ہے جسے نیچرل شاعری کی عمدہ نظم ہونے کا بھی شرف حاصل ہے۔ سرور کے کلام کی بڑی خوبی یہ ہے کہ وہ ہر شے کو مرقع بنانے اور اسے حقیقی حسن عطا کرنے میں پوری طرح کامیاب نظر آتے ہیں۔ ان کے کلام کا ایک اور وصف جو انھیں دیگر شعرا میں ممتاز کرتا ہے وہ ان کا اعتدال اور ہم آہنگ مزاج ہے جس کی نسبت سے وہ خود کی ترجمانی کرتے ہیں اور اپنی شخصیت کے تمام تر پہلوؤں کو بنا کسی لگاوٹ وسجاوٹ کے نمایاں کرتے ہیں یہی وجہ ہے کہ انکی شاعری کا مختصر سا سرمایہ

بھی اپنی سرمستی و کیف اور لطف واثر کے دم پر ہمیشہ شعر وسخن میں دلچسپی رکھنے والوں اور نقادوں کی توجہ اپنی جانب مبذول کراتا رہے گا۔

آخر میں ہم سرور کی نظموں کے چند اشعار پیش کررہے ہیں فن کے مطالعہ کے بعد ان کی شاعری کے جمالیاتی عناصر اور اسلوب بیان کو بہتر طور پر سمجھا جا سکتا ہے۔

## یادِ طفلی

بہائی میں نے کاغذ کی ناویں بہت لمبے جو بنا بنا کر
برس گئی کوئی ٹھنڈی جھڑی جو ساون کی آسماں سے
کبھی جو آئینے میں ایکا ایک نظر پڑی مجھ کو اپنی صورت
رہا ہوں پہروں میں محو حیرت کہ پیاری شکل یہ آئی کہاں سے

## سیتا کی گریہ وزاری

ہمراہ بن کو ناتھ مجھے ساتھ لے چلو ریکھا تمہارے چرنوں کی ہوں ساتھ لے چلو
نازک ہے میرا شیشہ دل ٹوٹ جائے گا چھوٹا تمہارا ساتھ تو جی چھوٹ جائے گا

## نابینا پھول والی

بچے یہ پھول بھی تو اسی سرزمین کے ہیں یہ ننھے ننھے لال اسی نازنین کے ہیں
بازار حسن میں یہ گل تر ابھی ابھی آئے ہیں ماں کی گود سے اٹھ کر ابھی ابھی
سوتا ہوا چمن ہے اٹھا لائی ہوں ابھی پھولوں کی انجمن سے اٹھالائی ہوں ابھی

● ڈاکٹر ریاض توحیدی

# کشمیر کے معاصر اردو افسانوں کے تخلیقی رویئے

وقت کا تصّور زمان و مکان کے تصّور سے ہی اپنی مخصوص شناخت قائم کرسکتا ہے اور زندگی اس مخصوص شناخت کو پہچان دینے کا سبب بنتی ہے .زمانے کے واقعات اور حادثات کے تجربات سے شعرو ادب کی تخلیق ہوتی ہے' کیونکہ جب کسی حساس ذہن پران حادثات و واقعات کے سنگین اثرات مرتسم ہوجاتے ہیں تو وہ مشاہداتی اور تجرباتی وسیلے کے بل پر اپنے تاثرات کو تخلیقی پیکر میں پیش کرتا ہے' جس کو تنقیدی اصطلاح میں تخلیقی تجربہ کہا جاتا ہے۔جس انسان کا تخلیقی شعور جتنا بلند ہوگا تو اس کا تخلیقی تجربہ بھی اتنا ہی توانا ہوسکتا ہے۔تخلیقی تجربے کے توسّط سے ہی ایک تخلیق کار'ذات سے لیکر کائینات تک کے مسائل کی فکری وفنی ترسیل کرتا ہے .فکشن میں تخلیقی تجربے کی ترسیل کے رویّے کثیر نوعیت کے ہوتے ہیں تاہم ایک رویّہ یکساں طور پر فکشن میں نمایاں نظر آتا ہے اور وہ تجربات اور مشاہدات کے زیر اثر ذہنی وجذباتی کیفیات کے اظہار کا تخلیقی رویّہ ہے۔ماحول کی تاثیریت تخلیقی رویّے پر اس قدر اثر انداز ہوتی ہے کہ تخلیق کار جس ماحول میں سانس لیتا ہے اس ماحول کی بازگشت 'اس کی تحریر میں ضرور سنائی دیتی ہے۔سڈنی کیز (Sidney Keyes) ایک انگریز شاعر ہے۔جنگ عظیم کی تباہ کاریوں سے وہ اس قدر متاثر ہوا تھا کہ اس نے اپنی ایک نظم کا عنوان ہی ''جنگی شاعر'' (War Poets) رکھ دیا اور جس میں اپنے جذبات کا اظہار کرتے ہوئے لکھتے ہیں:

''میں وہ شخص ہوں جو الفاظ کی تلاش میں بھٹکتا رہا مگر میرے ہاتھ میں ایک تیر ہی لگا.''

اس تناظر میں جب ہم کشمیر کے معاصر اردو افسانے کے تخلیقی تجربے اور رویّے کا مطالعہ کرتے ہیں تو سنہ ۲۰۰۰ء سے تا حال' جو افسانے رسائل وجرائد اور کتابی صورت میں سامنے آئے ہیں ان میں مجموعی طور پر جو تجرباتی فضا چھائی ہوئی ہے وہ ہے خوف کی فضا'یعنی ''خوف'' کشمیر کے معاصر اردو افسانے کا تخلیقی استعارہ بن گیا ہے'جو معاصر افسانوں کے عنوانات سے بھی ظاہر ہورہا ہے .جیسے' درد کا مارا' شہر کا

اغوا' گونگے گلاب'' (عمر مجید) ''آ گے خاموشی ہے' سرخ بستی' آسمان' پھول اور لہو' (نور شاہ)'' 'نجات' رات اور خواب (مشتاق مہدی) ''اعلان جاری ہے'' (غلام نبی شاہد) ''یہ بستی عذابوں کی' خواب و تقدیر' مقتل'' (پروفیسر منصور احمد منصور) 'اندھا کنواں (حسن ساہو)' بہار آنے تک (جان محمد آزاد)'' فساد' لہو کی مہندی (پرویز مانوس)' ''کالے دیوؤں کا سایہ' گمشدہ قبرسان'' (ڈاکٹر ریاض توحیدی)'' سفید جزیرہ'' (طارق شبنم) ''فیصلہ' لہو کا چراغ' ملن (ایثار کشمیری).

کسی بھی تخلیق میں عصری صورتِ حال کا احساس کسی نہ کسی صورت میں قاری کے سامنے منکشف ہو جاتا ہے. کشمیر کے اردو افسانے میں بھی عصری عہد کے سیاسی' سماجی' معاشی اور معاشرتی صورت حال کی بھر پور عکاسی نظر آتی ہے. یہاں کے افسانوی ادب پر رومانیت کی جو فردوس نظر فضا چھائی ہوئی تھی' اس کی چاشنی اس وقت ختم ہو گئی جب ۱۹۹۰ء سے کشمیر میں خون آشام دور کی شروعات ہوئی اور جس کی وجہ سے یہاں کا نظام زندگی درہم برہم ہو گیا. جن لوگوں کے ہونٹوں پر پیار و محبت کے گلابی گیت ہوتے تھے اُن کی سوچ پر کراس فائرنگ' بم دھماکے' کشت و خون' کریک ڈاون اور گمشدگی وغیرہ جیسی جنگی قسم کی خوفناک اصطلاحیں اور الفاظ چھا گئے. اس خوفناک ماحول نے یہاں کے شعر و ادب کو بھی متاثر کیا اور اس میں ظلم و تشدد' مار دھاڑ' دکھ درد اور خوف و ہراس کا اظہار صاف صاف نظر آنے لگا. بقول شاعر؂

میں اپنی آنکھ کے اندر کئی کوہ قاف رکھتا ہوں مجھے پریوں کی یہ جھوٹی کہانی مت سناؤ تم

(سہیل احمد)

یہ کوہ قاف جیسی ڈراونی صورتحال اُس وقت قاری کی سوچ پر چھا جاتی ہے جب وہ کشمیر کے معاصر اردو افسانے کا مطالعہ کرتا ہے۔ اس دور کے افسانوں میں اس خوفناک صورتحال کی منظر کشی کن کن علامتوں اور استعاروں میں پیش ہوئی ہیں' درجہ ذیل اقتباسات سے بخوبی عیاں ہو جاتا ہے:

''یہ کونسی جگہ ہے. یہ کیسی خاموشی ہے. یہ ویرانی کا عالم' یہ ڈرا دینے والی خاموشی' یہ مکان' یہ دُکانیں' یہ سڑکیں خالی کیوں ہیں؟ اس شہر میں رہنے والے لوگ کہاں چلے گئے ہیں......شاید سب لوگ غائب ہو گئے ہیں.'' (شہر کا اغوا' عمر مجید)

''لیکن وقت نے اچانک کروٹ بدلی' کشمیر جو کبھی اپنی سندرتا' خوب صورتی اور حسن کے ساتھ ساتھ پیار و محبت اور آپسی بھائی چارے کے لئے برصغیر کی تاریخ میں ایک بڑی اہمیت اور منفرد مقام کا حامل تھا' نہ جانے کیوں اور کیسے بدصورتی کے ایک ایسے دلدل میں پھنس گیا کہ یہاں کی زندگی مفلوج ہو کر رہ گئی' سڑکیں خون آلودہ ہونے لگیں' معصوم سینے چھلنی ہونے لگے...'' (دلدل' نور شاہ)

''وہ میری آنکھوں میں دیکھ کر تلخی سے مسکرایا۔''''غلامی ایک ذلت ہے.احساس کا ایک ناسور ہے.روح کا ایک زخم' ایک عذاب' ایک ستم' مسلسل غم ہے.میں اس غم سے نجات کی بات کرر ہا ہوں.''

('نجات' مشتاق مہدی)

''اس شہر کے بیچوں بیچ ایک بڑی شاہراہ ہے جو شاہراہ ستم کہلاتی ہے.یہ شہر کی قابل دید شاہراہ ہے.اس شاہراہ پر خواجہ سگ پرست کی حکمرانی ہے اس لئے آدمی قید ہیں اور کتے آزاد.شاہراہ ستم کے ایک طرف آہنی پنجرہ ہے جس میں پیر وجوان قید ہیں.'' ('سندباز جہازی کی ڈائری'. پروفیسر منصور احمد منصور)

''وہ ایک آفت زدہ بستی تھی.وہاں طلوع آفتاب سے لیکر غروب آفتاب تک جنازے اُٹھتے رہتے تھے.اس بستی میں موت کا رقص کئی برسوں سے جاری تھا.کبھی بچے اپنے نرم ونازک ہاتھوں سے اپنے بزرگوں کی لاشوں پر مٹی ڈالتے اور کبھی بزرگ اپنے ناتواں کندھوں پر اپنے جوان بچوں کا جنازہ اٹھاتے رہتے.ہر ایک اپنی مستعار زندگی کا فکر مند تھا.کوئی نہیں جانتا تھا کہ کب' کہاں اور کیسے موت کی آغوش میں چلا جائے گا. ہر گلی سنسان اور ہر کوچہ ویران دکھائی دیتا' صرف قبرستان آباد ہو رہے تھے.''

('جنازے' ڈاکٹر ریاض توحیدی)

''میں نے سن رکھا تھا کہ اس شہر میں موت بیچ چوراہوں پر رقص کرتی رہتی ہے.وہ' جسے جب چاہا اپنی آغوش میں لے لیتی ہے....بہر حال دل میں ابھی نہ مرنے کی تمنا لئے میں بھی ایک دن وہ شہر دیکھنے گیا.''

('سزا' ایثار کشمیری)

کسی بھی تخلیق کار کے تخلیقی رویّے کی شناخت متعین کرنے کیلئے تخلیقی وجوہات اور سماجی منظر نامے کو ذہن میں رکھنا پڑھتا ہے۔ یہ سماجی منظر نامہ ہی ہوتا ہے جو تخلیق کار کو ایسا مواد فراہم کرتا ہے جو اس کے تخلیقی تجربے سے کشیدہ موضوعات اور کرداروں کی ساخت گری کا بنیادی محرک بنتا ہے اور یہی محرکات شعر وادب کی تشکیل کا سبب بنتے ہیں.افسانوی ادب میں عصری سماجی وثقافتی صورت حال کی ترسیل ہر دور میں ہوتی رہی ہے۔ آج بھی اس ترسیلی صورتِ حال کا مشاہدہ اُن افسانوں میں بخوبی نظر آتا ہے جو تقسیم ہند کے پس منظر میں رقم ہوئے ہیں۔ افسانہ کی تخلیق کو اگر حصار ذات کا ہی معاملہ ٹھرائیں تو بھی یہ اشاعت کے بعد ذاتی حصار سے نکل کر سماجی مسائل ومعاملات کا تخلیقی ترجمان بن جاتا ہے۔ اس تخلیقی ترجمانی کے پیش نظر جب ہم معاصر کشمیر کے اردو افسانے کا جائزہ لیتے ہیں تو دیکھتے ہیں کہ پچھلی دوڈھائی دہائیوں سے کشمیر جن آلام ومصائب سے گزر رہا ہے' اس کا اظہار یہاں کے افسانوی ادب میں علامتوں' استعاروں اور راست بیانیہ میں ہوتا آیا ہے۔ یہ یہاں کے افسانہ نگاروں کی تخلیقی جرأت مندی کا بین ثبوت ہے کہ انہوں

نے اس پُر آشوب دور میں بھی معاشی وسماجی نظام کے استحصال' جمہوریت اور اسکولرزم کی کھوکھلاہٹ' علاقائی اور مذہبی تعصب' ہجرت ومہاجرت کی کرب ریزی' سیاست کی فریب کاری' بے لگام طاقت کی حیوانیت اور کشمیریوں کی مہمان نوازی اور آپسی بھائی چارے وغیرہ مسائل ومعاملات کو تخلیقی ترجیحات کا جامہ پہنا دیا۔ان مسائل ومعاملات کا اظہار معاصر افسانہ نگاروں کی کسی نہ کسی تخلیق میں ضرور نظر آتا ہے' تاہم چند اقتباس پیش خدمت ہیں:

''اسی دوران سیاسی فضا میں اچانک ایک طوفانی بدلاو آنے لگا۔اوڑی کا لال پل جو برسوں سے اداس اور ویران پڑا تھا' اس پر رنگ وروغن چڑھنے لگا۔

کاروانِ امن کے نام سے ایک بس سروس شروع ہوگئی جو بچھڑوں کو ملانے کا کام کرنے لگی۔حاکم دین بھی اُس پار جانے کے کاغذات حاصل کرنے میں جُٹ گیا۔'' ('فاصلے' دیپک کنول)

''یہ جنگل ایک دیو قامت چٹان پر تھا اور بہت سا چلنے کے بعد اچانک ایسے راستے کی اور مڑتا تھا جہاں صرف داہنی اور بائیں جانب سورج کی روشنی آتی تھی' گویا پہاڑ کی قوی ہیکل چھت تلے ایک اور دنیا آباد تھی جو مکمل روشن تھی مگر جنگلوں کی بہتات اور کئی میلوں تک اٹھی آڑھی چٹان کے سبب اوجھل بھی تھی۔''

('ساحلوں کے اس پار' ترنم ریاض)

''بس یہی خواب دیکھتے رہو...تم کیا سمجھتے ہو کہ حکومت کو اس سیلاب اور طوفان سے ہوئی تباہ کاری کے بجائے صرف تمہارے اس خستہ حال ہاوس بورٹ کی فکر ہوگی...سونہ جُو' خود سوچو' یہ حکومتیں ہم غریبوں کو صرف ووٹ کے دن یاد رکھتی ہیں۔'' ('جہلم کا تیسرا کنارا' زاہد مختار)

''چونکہ یہ علاقہ شہر سے کافی دور تھا اور سہولیات سے محروم رہ گیا تھا بستی کے آس پاس کوئی ڈسپنسری موجود نہ تھی اور نہ ہی کوئی معقول انتظام تھا.لہذا پرانے رسم ورواج کے مطابق علاج معالجہ تھا.اس معاملے میں کئی معزز اور ماہر عورتوں میں سے دایہ سلیمہ ہی واحد عورت تھی جو ایسا کام انجام دے سکتی تھی۔''

('سیندور کی لکیر' شیخ بشیر احمد)

تخلیقی رویّے کی شناخت میں تصوّر وتخیّل' جذبہ واحساس اور ادراک وعرفان کے ساتھ ساتھ تخلیق کار کی فکر ودانش اور قوت اظہار کے لوازمات بھی شامل ہوتے ہیں.ان فنی لوازمات کے تحت تخلیق کار کسی بھی خیال کو مناسب وموزوں الفاظ اور استعارات وعلائم کے ذریعے اپنی انفرادی شناخت قائم کر پاتا ہے.یہ انفرادی شناخت اس وقت استحکام حاصل کر سکتی ہے' جب کوئی تخلیق کار اپنے عہد کی زندگی کے نشیب وفراز کی مناسب فنی تصویر کشی اپنی تخلیق میں کرتا ہے اور جس سے قاری کو اس عہد کے سیاسی' معاشی اور معاشرتی

منظرنامے کی تفہیم وتعبیر میں آسانی ہو جاتی ہے ۔اس پس منظر میں جب کشمیر کے معاصر اردو ادب کا سوال ذہن میں اٹھتا ہے تو اس ادب میں جنت بے نظیر کے حسین مناظر کے بدلے دردناک داستان ہی سنائی دیتی ہے .اس خوفناک صورت حال کو دیکھ کر اگر کشمیر کے معاصر اردو ادب کو المیہ ادب (Tragic Literature) کہا جائے تو شاید مبالغہ نہ ہوگا .کیونکہ کشمیر کا ادیب اور شاعر بھی مابعد جدیدیت کے تناظر میں تخلیقی عمل کا آزادانہ رویہ اپناتے ہوئے حال کے متنوع مسائل وموضوعات جیسے ذہنی تناؤ' نفساتی ڈپریشن' سیاسی موقع پرستی' کرپشن' فرقہ پرستی اور پسماندگی ولاچاری وغیرہ کو فکری وفنی سطح پر اپنی تخلیق میں پیش کرتا ہوا نظر آرہا ہے اور یہ مسائل وموضوعات یہاں کے افسانہ نگاروں کے تخلیقی رویوں کا اظہاری وسیلہ بن چکے ہیں' پروفیسر قدوس جاوید کے الفاظ میں :

''یہ افسانے کشمیر کی عصری زندگی کے کلیدی استعاروں' گولی' چیک آوٹ' گرینیڈ' دھماکہ' تلاشی' بنکر اور کرفیو وغیرہ کو گرفت میں لیکر بُنے ہیں.'' ('آج کا کشمیر اور اردو افسانہ' پرفیسر قدوس جاوید)

◄◄ ● ►►

## ● ڈاکٹر نگہت نسیم

# افسانہ میں حقیقت نگاری اور فحش نگاری کا فرق

قارئین، میرا تعلق شعبہ نفسیات اور ڈرگ ہیلتھ سے ہے۔ مجھے ہر طوائف میں ایک پانچ برس کی بچی مل جاتی ہے جسے بہلا پھسلا کر کبھی سوتیلے باپ نے تو کبھی اس کے اپنے ہی باپ نے سب سے پہلے اسے ریپ کر کے طوائف بنایا ہوتا ہے۔ ایک ایسے مریض کو بھی جانتی ہوں جس کے ہر فیملی ممبر نے ایک دوسرے کے ساتھ جسمانی تعلقات رکھے، جس میں ماں باپ بہن بھائی بھی آپس میں بھی شامل رہے ہیں۔ ذرا سوچیے......ان کی نفسیات کیا ہوگی اور اس ذہنی پسماندگی اور احساس جرم کیا علاج ہوگا۔ آجکل دو قاتل میرے زیر علاج ہیں اور الحمدوللہ سب سدھار کی طرف آ رہے ہیں۔ میں کسی پر شفا کے دروازے نہیں بند کر سکتی۔ شفا منجانب اللہ ہوتی ہے اور ہر انسان کا بنیادی حق ہوتا ہے۔ اسی طرح سے قلمی شفا بھی منجاب اللہ ہوتی ہے۔ ہم کسی پر اس شفا کے دروازے بند نہیں کر سکتے۔ کیا پتہ ہمارے قلم میں اتنی شفا ہو کہ ہم ایسے کرداروں کی نشاندہی کریں تو دو چار اپنی راہیں بدل لیں اور آہستہ آہستہ معاشرہ شفایاب ہو جائے۔ جس طرح سے ہر ڈاکٹر مسیحا نہیں ہوتا۔ اسی طرح سے ہر قلمکار اچھا قلمکار نہیں ہوتا۔ آج میں آپ سب کے سامنے وہ گرہیں کھولنے جا رہی ہوں جو میں نے اپنے تخلیقی سفر پر روانگی کے وقت باندھی تھیں۔

ا۔ <u>افسانہ نگار کو لکھتے وقت کبھی سکہ بند اصول نہیں رکھنے چاہئے</u>: مشرف عالم ذوقی نے کہا ہے کہ بڑا افسانہ نگار وہ ہوتا ہے جو اپنے اسلوب کو بھی توڑتا یعنی بدلتا رہتا ہے۔ میں اس خیال سے صد فیصد متفق ہوں۔

لکھنے والوں کو میں ''قلمی طبیب'' کہتی ہوں۔ اور طبیب کا سب سے پہلا اور اہم کام ''تشخیص'' ہوتا ہے۔ پھر اس کے بعد علاج آتا ہے۔ یہ دھیان رہے کہ تشخیص ہر طبیب کر سکتا ہے پر علاج ہر طبیب کے پاس ممکن نہیں۔ اب چونکہ ایک طبیب کی ذمہ داری ہے کہ تشخیص اور علاج دونوں کرے، پر جب بھی کہیں وہ خود کو علاج سے معذور پاتا ہے تو وہ اپنا مریض اس مرض کے ماہر کسی دوسرے طبیب کے پاس علاج کے لئے بھیج دیتا ہے۔ ماہر طبیب وہ ہوتے ہیں جو اپنی توجہ اور کام کسی خاص شعبے کے لئے مخصوص کر

لیتے ہیں اور ایک ہی نقطے پر خود کو مرکوز رکھتے ہیں۔ ایسے طبیب کنسلٹنٹ اور ریسرچ اسکالرز کہلاتے ہیں۔ بالکل اسی طرح ہر قلمی طبیب جب اپنی معاشرتی پریکٹس شروع کرتا ہے تو سب سے پہلے آسان آسان معاشرتی بیماریوں کی تشخیص کرتا ہے پھر جیسے جیسے اس کے تجربات بڑھتے ہیں وہ نازک اور حساس موضوعات کی تشخیص کرنا شروع کر دیتا ہے۔ اگر ہم کھلی آنکھ سے مشاہدہ کریں تو معاشرے میں آسودگی اور ناآسودگی دونوں ساتھ ساتھ چلتے ہیں ۔ جہاں چوری، ڈاکہ زنی، ریپ، ڈومیسٹک وائلینس، چائلڈ وائلینس، عدم برداشت، منافقت ہے، وہاں محبت، سلوک، رشتے، حقوق کی پاسداری اور احترام بھی ہے۔۔ اور قلمکار دونوں پر دسترس رکھنے کی کوشش میں نڈھال نظر آتا ہے۔ یہی وہ مقام ہے جہاں قلمکار کو اپنے لئے اپنی راہ کا انتخاب کرنا ہوتا ہے یعنی اسلوب اور موضوعات کے چناؤ کا رخ متعین کرنا ہوتا ہے۔

۲۔ قلمکار کو کشادہ دل وذہن کا ہونا چاہئے۔ بحیثیت قلمکار اسے کشادہ دل وذہن کا ہونا چاہئے جس طرح جیسے کوئی طبیب اپنی کلینک کسی طوائف اور شرابی وزانی کے مرض کی تشخیص وعلاج کے لئے بند نہیں کر سکتا بالکل اسی طرح کوئی بھی قلمکار ایسے لوگوں کے دکھ درد اور استحصال پر لکھنا گناہ نہیں سمجھ سکتا اور نہ ہی ان کرداروں کو اپنی ادبی دائروں سے باہر کر سکتا ہے۔ اب یہاں پھر وہی بات ہے کہ ہر طبیب تشخیص کر سکتا ہے پر علاج نہیں۔ سو قلمی طبیب بھی تشخیص ضرور کر سکتا ہے لیکن اس کا علاج یعنی لکھ سکے یا نا یہ اس کے ہنر پر منحصر ہے۔ اس لئے قلمکار کو بھی چاہیے کہ جس بات کو لکھنے پر دل آمادہ نہ ہو، ان کا قلم آسودہ نہ ہو یعنی جس موضوع پر اسے دسترس نہ ہو، جس موضوع کے وہ مثبت اور منفی پہلوؤں پر بات نہ کر سکے...... اسے ان موضوعات پر لکھنے سے اس وقت تک پرہیز کرنا چاہیے جب تک وہ مزید مشاہدہ نہ کر لے اور مطمئن پوری طرح نہ ہو جائے۔ ہاں اگر کوئی قلمکار ایسے موضوعات پر لکھنا ہی نہیں چاہتا تو یہ اس کی اپنی مرضی اور خوشی ہوگی پر اسے دوسروں کے لکھے ہوئے پر اعتراض کرنے کا کوئی حق نہیں۔

۳۔ قلمکار کو حدود و قیود کا خیال رکھنا چاہئے: قلمی طبیب کی ذمہ داری یہ ہے کہ وہ معاشرتی ناسور کی مطلوبہ روحانی بیماری کا نقشہ یوں کھینچے جیسے اسے کوئی دیکھ رہا ہے یا وہ کسی کے سامنے ہے۔ جیسے ماہر طبیب کو تشخیص اور علاج کے دوران بہت سے جسمانی چیک اپ اور سرجری کرنی پڑتی ہے...... پر وہ کسی مریض کو نہ تو پورا ننگا کر کے اس کی تشخیص کرتا ہے اور نہ پورا ننگ دھڑنگ کر کے اس کی سرجری کرتا ہے۔ وہ کسی کی موجودگی (لازمی حصہ) میں اپنے مریض پر چادر اُڑھا کر مطلوبہ جسمانی حصے کا معائنہ کرتا ہے اور اس کی جراحی کرتا ہے۔ قلمی طبیب کو بھی یہی رویہ اختیار کرنا چاہئے۔ سوچنا صرف اتنا ہے کہ ایک قلمی طبیب ہونے کے ناطے کہاں تک بتانا ضروری ہے کہ بیماری سمجھائی جا سکے اور کتنا ننگا کرنے سے علاج ممکن ہے۔

یہ دونوں عمل ایک کاغذ پر لکھتے وقت یہ سوچنا ہے کہ یہ کاغذ نہیں آپریشن تھیٹر ہے اور یہاں پر خاکروب سے لے کر ہر شعبہ کے نرس، کنسلٹنٹ، ریسرچرز ہمیں دیکھ رہے ہیں اور سب سے زیادہ بیمار کے لواحقین ہمیں دیکھ رہے ہیں کہ ہم نے ان کے مریض کی عزت، اخلاق اور شرم وحیا کا کتنا خیال رکھا۔ کیونکہ طوائف، ریپ کرنے والے، قتل کرنے والے سب انسان ہیں اور اپنے رشتوں کے ساتھ رہتے ہیں۔ وہ قانون کی نظر میں مجرم ہو سکتے ہیں پر وہ طبیب کے لئے صرف ایک انسان ہیں۔

قلمکار خود اپنے پیرامیٹرز بناتا ہے۔ اپنی حدود و قیود کا خیال رکھتا ہے۔ اپنی راہیں متعین کرتا ہے۔ یہ مسئلہ انفرادی ہے۔ کوئی ادیب کسی موضوع پر اتھارٹی نہیں اور وہ کوئی قانون لاگو نہیں کر سکتا اور نہ ہی اسے ایسا کرنا چاہیے۔ ہر ادیب کو اپنی قلمی حدیں اور سرحدیں خود کھینچنی پڑتی ہیں۔ یہیں پر قلمکار کی فطری شرم وحیا، سنجیدگی اور موضوع کے ساتھ انصاف کا پردہ کھلتا ہے یعنی اس نے فحش نگاری ''چسکے اور مسالے'' کے لئے لکھی ہے یا جراحت کے لئے۔ اگر وہ کھلا اظہار، تقاضا تحریر تھا تو حقیقت نگاری تھی اور اگر اس کی چنداں ضرورت نہیں تھی اور بات ڈھکے چھپے بھی سمجھ آ سکتی تھی تو فحش نگاری تھی۔ (یہ پیرامیٹرز میرے اپنے ہیں۔ کسی قلمکار کا اس سے متفق ہونا چنداں ضروری نہیں)۔

◆ ● ◆

● احسان اللہ بلوچ

# اردو زبان کا ارتقاء اور جدید ٹیکنالوجی

زبان وادب کے بارے میں کہا جاتا ہے کہ یہ جس قدر تبدیلیوں سے گزرتے ہیں اسی قدر ان کی زندگی میں توانائی آتی ہے۔ جو زبانیں جامد وساکت ہوگئیں وہ دم توڑتی گئیں اور تاریخ کا حصہ بن گئیں۔ ماضی میں ایسی کئی مثالیں موجود ہیں جہاں کسی تہذیب سے جڑی زبان دوسری تہذیبوں اور زبان کے زیر اثر آکر اپنی شناخت کھوبیٹھی۔ معروف دانشور اور لکھاری سید حفیظ اللہ گیلانی لکھتے ہیں کہ ''جس زبان میں لٹریچر کم لکھا جائے یا اس زبان کو عصری تقاضوں کے مطابق نہ ڈھالا جائے وہ معدوم ہو جاتی ہے۔''

لہٰذا یہ بات طے ہے کہ زبان چاہے کوئی بھی ہو اس کی بقاء کے لئے اس زبان میں ادب لکھنا بہت ضروری ہے۔ اس کے علاوہ کسی بھی زبان یا اس زبان میں لکھے گئے ادب کے لئے یہ بھی لازم ہے کہ وہ زمانے کے تقاضوں سے ہم آہنگ رہے اور مسلسل تبدیلیوں کو خوش آمدید کہے۔ زبان میں تبدیلیوں کا ہرگز یہ مطلب نہیں کہ اس کے اسلوب وانداز کو یکسر تبدیل کر دیا جائے بلکہ اس میں الفاظ، ضرب الامثال اور محاورات کی شکل میں ذخیرہ الفاظ کا اضافہ کرنا مقصود ہوتا ہے۔ کئی الفاظ معنی کی سطح پر بھی تبدیلیوں سے گزرتے ہیں۔ یہ لسانی عمل ہر زندہ زبان میں چلتا رہتا ہے۔ عصری تقاضوں کو اگر کوئی زبان یا ادب نظر انداز کرتا ہے تو اس زبان کا رواج محدود ہو جاتا ہے۔ اسی لئے ہر زمانے میں زندہ زبان اور ادب نے اپنے اندر ہونے والی تبدیلیوں کو قبول کیا۔

انفارمیشن اور جدید ٹیکنالوجی کے اس دور میں اگر ہم اردو زبان کے مقام کا تعین کریں تو یہ بات ہمارے سامنے آتی ہے کہ یہ زبان اپنی ترویج وترقی کے لئے ابھی بھی جدید ٹیکنالوجی اور انٹرنیٹ کے استعمال میں تامل سے کام لے رہی ہے۔ اس کی ایک بنیادی وجہ نئی نسل کا اپنی زبان وتہذیب کو اپنانے میں دقیانوسی پن محسوس کرنا ہے۔ سائنس وٹیکنالوجی میں مغربی ممالک کی سبقت نے اقوام عالم کی تہذیب وثقافت، رہن سہن، طرز معاشرت اور زبانوں پر گہرے اثرات مرتب کئے ہیں۔ دور حاضر میں مغرب سے آنے والی ہر چیز کو سند قبولیت بخشی جارہی ہے اور چونکہ انگریزی کو ایجاد واختراع کی زبان تسلیم کیا جاچکا ہے اس لئے اردو

بولنے والوں کی ایک بڑی تعداد اپنے تئیں دورِ جدید کا حصہ بننے کے لئے اردو زبان سے دور ہوتی جا رہی ہے۔ یہ حقیقت ہے کہ دنیا جس طرح ٹیکنالوجی کے باعث سمٹ کر ایک گلوبل ویلیج بن چکی ہے وہیں انگریزی بھی بطور عالمی زبان بننے کیلئے پر تول رہی ہے۔ ایسے میں کمزور زبان وثقافت کے حامل ممالک اس کے زیر اثر آ رہے ہیں۔ تاہم دنیا کے کئی ممالک ایسے ہیں جو اپنی زبان کے معاملے میں بڑے محتاط ہیں اور وہ ہر جگہ اپنی زبان ہی استعمال کرتے ہیں۔ مثلاً فرانس، چین اور جاپان ایسے ممالک ہیں جو نہ صرف اپنی زبان وادب کے معاملے میں محتاط ہیں بلکہ ان ممالک نے اپنی اپنی زبان کو جدید ٹیکنالوجی سے بھی ہم آہنگ کرلیا ہے۔ اس سے ثابت ہوتا ہے کہ مذکورہ ممالک اپنی زبان کے ساتھ ساتھ اپنی تہذیب کی برتری اور حفاظت کے لئے بھی پرعزم ہیں۔ لیکن وہ ممالک جو ترقی یافتہ نہیں وہ مجبوراً جدید وترقی یافتہ دنیا سے روابط کے لئے رائج الوقت زبانوں کا استعمال کرتے ہیں۔ اسی طرح آہستہ آہستہ ان کی اپنی زبان کا استعمال کم ہوتا چلا جا رہا ہے۔

اردو زبان پاک و ہند کے علاوہ دنیا کے مختلف ممالک میں بولی جاتی ہے۔ فی الحال اس کی بقاء کو کوئی خطرہ نہیں، لیکن اس کے فروغ اور عروج پر سوالیہ نشان ضرور ہے۔ حالانکہ اس کا شمار دنیا کی چند بڑی زبانوں میں ہوتا ہے مگر پھر بھی اس زبان کو جدید ٹیکنالوجی کے ساتھ ہم آہنگ کرنے کے علاوہ اس میں ہونے والی معنوی تبدیلیوں اور نئے الفاظ کی آمد کو بھی گوارا کیا جانا چاہئے۔ انٹرنیٹ اور سوشل میڈیا پر شروع شروع میں اردو رومن سٹائل میں لکھی جاتی تھی جس سے اس کو کافی نقصان پہنچ رہا تھا لیکن اس زبان کی اہمیت کو تسلیم کرتے ہوئے انٹرنیٹ اور سوشل میڈیا پر اردو رسم الخط متعارف کرایا گیا جس سے ہزاروں، لاکھوں لوگ استفادہ حاصل کر رہے ہیں۔ اس سلسلے میں انٹرنیٹ اور سوشل میڈیا پر اردو زبان کی ترویج وترقی کے لئے کئی فورمز اور بلاگز بن چکے ہیں مثلاً ''اردو''، ''اردو ہے جس کا نام''، ''عالمی اردو افسانہ''، ''شعر و ادب''، ''مشاعرہ''، ''مکالمہ''، ''انحراف''، ''اردو ای نامہ''، ''لٹریچر لورز''، ''بک لورز''، ''حرف و قلم''، ''ادبی محاذ''، ''طنز و مزاح''، ''سخن شناس''، ''پچھلے پہر کا چاند''، ''اردو کا سفر''، ''لڑئے نا جھگڑئے...... با ادب رہئے''، ''مشعل''، ''نئی روایت''......وغیرہ وغیرہ۔ سوشل میڈیا پر موجود ان ادبی فورمز پر ہندوستان اور پاکستان کے دنیا بھر میں پھیلے اردوداں حضرات بھرپور حصہ لے رہے ہیں۔ بھارت سے پیغام آفاقی، اقبال حسن آزاد، مشرف عالم ذوقی، ابرار مجیب، ڈاکٹر افشاں ملک، ڈاکٹر نسترن احسن فتیحی، ڈاکٹر صفدر امام قادری،، ڈاکٹر ریاض توحیدی، دیپک بدکی، ذوالفقار نقوی، ساجد حمید، واقف انصاری، سلیم انصاری، اصغر شمیم، وفا نقوی، فوزیہ اختر، پرویز اختر، وغیرہ اور پاکستان سے محمد حامد سراج، علی اکبر ناطق، نعیم بیگ، اقبال

حسن خان، محمد ظہیر بابر، یوسف عزیز زاہد، عامر ابراہیم، ابن آس محمد، شاہد جمیل احمد، منیر احمد فردوس، فرخ ندیم ، سید انور جاوید ہاشمی، نصیر احمد ناصر، افتخار حیدر، توقیر عباس، سہیل احمد صدیقی، ارشد علی، غزالہ پرویز، حسام حر، یونس خان، قرب عباس، ممتاز رفیق، م۔ص۔ ایمن، راشد اشرف، حمید شاہد، محمد نعیم دیپالپور، سیمیں کرن، علی مرزا، پرویز ساحر، خالد ندیم شانی، شفیق احمد شفیق وغیرہ، جبکہ دنیا کے دیگر ممالک سے ستیہ پال آنند، جمیل الرحمان ،نوشی قیصر، امین صدرالدین بھایانی، سلمٰی جیلانی، ڈاکٹر کوثر جمال، شاہین کاظمی، نور العین ساحرہ، وحید احمد قمر، احمد سہیل، عرفان ستار، معراج رسول رانا، مسعود حساس، طلعت زہرہ، قمر سبزواری، ڈاکٹر نگہت نسیم ،اور سبین علی جیسے بڑے اور معتبر نام اردو زبان اور شعر ادب کے فروغ کے لئے شبانہ روز محنت کر رہے ہیں۔ ان ادبی فورمز کی بدولت اردو زبان اپنے ارتقاء کی نئی منازل طے کر رہی ہے۔ یہاں نہ صرف اردو ادب کا دیگر عالمی زبانوں کے ادب سے تقابلی جائزہ لیا جاتا ہے بلکہ زیرک تخلیق کار اردو زبان میں نت نئی تھیوریز، تنقیدی پہلو اور جہتیں متعارف کروا رہے ہیں اور نئی نسل کے قلمکاران سے مستفیض ہو رہے ہیں۔۔ فیس بک پر موجود ان گنت فورمز میں "عالمی اردو افسانہ فورم" کو ایک خاص اہمیت حاصل ہے۔ اس فورم پر حال ہی میں عالمی افسانہ میلہ کا انعقاد کیا گیا جس میں دوسو کے قریب نئے افسانہ نگاروں نے اپنے افسانے پیش کئے۔ اس سے بخوبی اندازہ لگایا جا سکتا ہے کہ اس فورم کے توسط سے جدید ٹیکنالوجی کو استعمال کرتے ہوئے اردو زبان کی عالمی سطح پر ترقی کیلئے کتنا بڑا کام کیا جا رہا ہے جو یقیناً اس زبان پر مثبت اثرات مرتب کرے گا۔

اس میں کوئی دو رائے نہیں کہ عہد حاضر تبدیلیوں کا دور ہے۔ جدید ٹیکنالوجی کے باعث ہر لمحہ زندگی میں تبدیلیاں آ رہی ہیں۔ چونکہ دنیا اب گلوبل ولیج بن چکی ہے اس لئے اب ہم پر اپنے قرب و جوار کے اثرات ہی نہیں بلکہ عالمی سطح پر ہونے والے واقعات بھی اثر انداز ہوتے ہیں۔ اسی لئے آج دنیا کی مختلف تہذیبیں خصوصاً زبانیں اس اثر کے باعث اپنی شناخت کھوتی جا رہی ہیں۔ تاہم جس زبان نے جدید ٹیکنالوجی اور عصری تقاضوں کو اپنا لیا وہ عالمی سطح پر اپنے عروج و فروغ کی دوڑ میں شامل ہوگئی۔

## ● ڈاکٹر افشاں ملک

# ''گنڈاسا'' کا تجزیہ

احمد ندیم قاسمی جب اردو کے افسانوی اسٹیج پر نمودار ہوئے تب منشی پریم چند کی بلند پایہ شخصیت مختصر افسانے کا معیار قائم کر چکی تھی لیکن ان کا افسانہ اس وقت تک ان کے اصلاحی ذہن کی گرفت سے آزاد نہیں ہوا تھا۔ احمد ندیم قاسمی نے ترقی پسند تحریک کے اثرات متاثر ہو کر اور پریم چند کی روایات کو آگے بڑھاتے ہوئے اپنی افسانہ نگاری کا آغاز کیا۔

احمد ندیم قاسمی ان معدودے چند افسانہ نگاروں میں سے ہیں جنہوں نے دیہی زندگی کے اس طبقاتی اور معاشرتی نظام میں برسوں شرکت کی ہے جو مذہبی توہم پرستی، فرسودگی اور روایت زدگی میں مبتلا تھا۔ وہ ایسے کرداروں کو لے کر افسانہ بنتے ہیں جن سے ان کی (افسانہ نگار کی) واقفیت سنی سنائی یا تخیلاتی نہیں ہے بلکہ وہ اس معاشرتی وضع زندگی سے بذات خود گزرے ہیں۔

احمد ندیم قاسمی کی وجہ امتیاز یہ ہے کہ انہوں نے انسانی فہم وادراک اور انسانی فطرت کے پیچ وخم کو اپنے گہرے مشاہدے کی روشنی میں پیش کر کے انہیں ایک جامع شکل دی۔ ان کے افسانوں کے موضوعات متنوع ہیں۔ دیہات کا کسان، اس کی غربت، اس کی جوانی، اس کا عشق، اور پھر اس کی محرومیاں، شہری زندگی کی الجھنیں، منافقتیں، دکھاوے کی زندگی، پس ماندہ اقوام کے ساتھ ناانصافیاں، عدم مساوات، اس کے علاوہ جنگ کے حوالے سے لکھے گئے افسانے ہیں جن میں جنگ کی ہیبت ناکی اور جنگ کے ہلاکت خیز تجربے جس کی مثال اردو فکشن میں نایاب ہے، نیز مظلومئی نسواں پر لکھے گئے افسانے ان کو اپنے ہم عصروں میں ممتاز کرتے ہیں۔

احمد ندیم قاسمی کے افسانوں میں ہر نوع کے کردار پائے جاتے ہیں۔ ان کے کردار، ٹائپ کردار نہیں ہوتے، بلکہ وہ Typical ہوتے ہیں اور حقیقی زندگی سے وابستہ ہونے کے باعث کہانی کے ماحول میں اپنے فطری عوامل سے گذرتے دکھائی دیتے ہیں۔ ان کے حرکات وسکنات پر بظاہر افسانہ نگار کا کوئی تسلط نہیں ہوتا۔ ایسا لگتا ہے کہ کہانی میں جو نظر آرہا ہے وہ حقیقی زندگی میں ظہور پذیر ہوا ہے۔ افسانہ ''گنڈاسا'' کا منظر نامہ احمد ندیم قاسمی نے پنجاب کے اس دیہی ماحول سے اخذ کیا ہے جس میں روایتی رقابتیں اور دشمنیاں خاندان در خاندان چلتی ہیں۔ ناک کے لیے قتل وغارت گری اور پھر اس کے انتقام میں خونریزی

جیسی وارداتیں ہوتی رہتی ہیں۔ انتقام کی یہ آگ مجرمانہ انداز پر نہیں ہوتی بلکہ خاندانی ونسلی برتری یا گاؤں میں اپنی افضلیت ثابت کرنے کے لیے ہوتی ہے۔ افسانہ ''گنڈاسا'' کا مرکزی کردار ''مولا بخش'' عرف مولا جن دو افراد کو انتقاماً قتل کرتا ہے۔ ان کے خاندان کے ایک فرد نے باہمی رنجش کی بنا پر مولا کے باپ کو اس سے پہلے قتل کر دیا ہے۔ قتل سے پہلے مولا بخش ایک سیدھا سادا ہنسنے کھیلنے والا دیہاتی گبرو نوجوان ہے جس کی فطرت مجرمانہ نہیں ہے۔

افسانہ اپنے آغاز میں کبڈّی کے ایک میدان کی تصویر کشی کرتے ہوئے قاری کی توجہ اپنی طرف مبذول کراتا ہے۔ کبڈّی کے میدان میں گاؤں کے سب چنے ہوئے گبرو اور کسرتی بدن والے نوجوان اکٹھے ہیں۔ دونوں طرف کی ٹیمیں لنگوٹ کس کر آمنے سامنے آنے کی تیاری کر رہی ہیں۔ لیکن کبڈّی کی ٹیم کا سب سے مضبوط اور ممتاز کھلاڑی ''تاجا'' نہیں آیا ہے۔ افسانہ نگار کہانی کے اس واقعہ کو افسانے میں یوں بیان کرتا ہے۔

''وسیع میدان کے چاروں طرف گپّوں اور حقّوں کے دور چل رہے تھے۔ اور کھلاڑیوں کے ماضی اور مستقبل کو جانچا پرکھا جا رہا تھا۔ مشہور جوڑیاں ابھی میدان میں نہیں اتری تھیں۔ یہ نامور کھلاڑی اپنے دوستوں اور عقیدت مندوں کے گھیرے میں کھڑے اس شدّت سے تیل چپڑ وا رہے تھے کہ ان کے جسموں کو ڈھلتی دھوپ کی چمک نے بالکل تانبے کا سا رنگ دے دیا تھا۔ پھر یہ کھلاڑی بھی میدان میں آئے انھوں نے بجتے ہوئے ڈھولوں کے گرد چکّر کاٹے اور اپنی اپنی چوکیوں کے سامنے ناچتے کودتے ہوئے بھاگنے لگے۔ اور پھر آناً فاناً سارے میدان میں ایک سرگوشی بھنور کی طرح گھوم گئی۔ ''مولا کہاں ہے؟''

افسانہ واضح کرتا ہے کہ کبڈّی کا کھیل دیکھنے کے لیے گاؤں اور آس پاس کے علاقے سے کثیر تعداد میں لوگ آئے تھے ان کی دلچسپی ''مولا'' اور ''تاجا'' کا کھیل دیکھنے میں تھی۔ تاجا ابھی میدان میں نہیں پہنچا تھا۔ اتنے ہی میں ایک آواز ڈھول کی دھما دھم کو چیرتی ہوئی ہجوم کے کانوں میں پڑتی ہے۔ کوئی شخص مولا سے کہہ رہا ہے کہ ''اے مولے تیرے باپ کا قتل ہو گیا'' یہ افسانے کا وہ ڈرامائی موڑ ہے جو قاری کی پوری توجہ کو اس بات پر مرکوز کر لیتا ہے کہ باپ کے قتل کی خبر سن کر مولا پر اس کا کیا ردِ عمل ہوگا۔ مولا کا کھیل کے لیے اٹھا ہوا ہاتھ سانپ کے پھن کی طرح لہرایا اور وہ بجلی کی سی تیزی کے ساتھ گاؤں کی طرف بھاگ نکلا۔ مولا کو بتایا گیا کہ رنگے نے اس کے باپ کو مار ڈالا ہے۔ گھر پہنچا تو مولا کی ماں نے بھی اسے یہی خبر دی کہ رنگے نے گنڈاسے سے اس کے باپ کا پیٹ چاک کر دیا۔ یہ سنتے ہی مولا کے دماغ میں انتقام کی بجلیاں کڑکنے لگتی ہیں اور اس کے جسم کا تانبا گاؤں کی گلیوں میں کوندے بکھیرتا اڑا چلا جاتا ہے۔ پیچھے پیچھے مولا کے کپڑوں کی گٹھری سنبھالے ہوئے تاجا اور سارا ہجوم بھاگا آتا ہے۔ مولا جو انتقام کی آگ میں سلگ رہا ہے، تیزی سے رنگے کی چوپال کے سامنے جاتا ہے۔ اس سے پہلے کہ مولا باپ کے قتل کا بدلا لے گاؤں کے باعزّت اور سبھی لوگوں میں احترام کی نظر سے دیکھے جانے والے بزرگ پیر نور شاہ بھیڑ سے نکل کر آگے آتے ہیں اور مولا کو روک کر

کہتے ہیں۔ ''مولا رُک جا'' مولا نہیں رکتا تو پیر نور شاہ پھر زور دے کر کہتے ہیں ''میں کہہ رہا ہوں مولا رُک جا'' جواب میں مولا نے جو فقرہ کہا وہ گاؤں کی روایتی دشمنی اور انتقام کے جذبوں کی صحیح عکاسی کرتا ہے۔ وہ پیر نور شاہ سے کہتا ہے ''تو پھر میرے منہ پر کالک بھی مل ڈالیے اور ناک بھی کاٹ ڈالیے میری۔ مجھے تو اپنے باپ کے خون کا بدلا چکانا ہے۔ پیر جی! بھیڑ بکری کی بات ہوتی تو میں آپ کے کہنے پر یہیں سے پلٹ جاتا۔'' لیکن پیر نور شاہ قرآن مجید کو دونوں ہاتھوں میں بلند کرتے ہوئے چوپال کی سیڑھیوں پر آتے ہیں اور کلام اللہ کا واسطہ دیتے ہوئے مولا کو روکتے ہیں۔ مولا قرآن کا واسطہ سن کر اپنے قدم روک لیتا ہے۔

یہاں افسانہ نگار نے واضح طور پر عوام الناس کی مذہبی انسانیت کا مکمل طور پر ادراک کیا ہے۔ وہ مولا جو اشتعال کی حالت میں پیر نور شاہ کی بات نہیں مان رہا تھا قرآن کے واسطے پر رک جاتا ہے اور پھوٹ پھوٹ کر رونے لگتا ہے۔ پیر نور شاہ پوچھتے ہیں ''تم رو رہے ہو مولے؟' تو مولا بازو سے اپنی گیلی آنکھیں پوچھتے ہوئے کہتا ہے کہ ''تو کیا اب روؤں بھی نہیں؟'' اسی لمحے مولا کے ساتھی تاجے نے ٹکڑا لگایا۔ ''لوگ کیا کہیں گے؟'' جواب میں مولا اپنا ردِ عمل یہ کہہ کر ظاہر کرتا ہے کہ ''ہاں تاجے میں بھی یہی سوچ رہا ہوں کہ لوگ کیا کہیں گے میرے باپ کے خون پر مکھیاں اڑ رہی ہیں اور میں یہاں گلی میں ڈرے ہوئے کتّے کی طرح دم دبائے بھاگا جا رہا ہوں۔ ماں کے گھٹنے سے لگ کر رونے کے لیے'' ان جملوں کے حوالے سے افسانہ نگار نے انتقام کے جذبے کی سماجی نوعیت سے پردہ اٹھایا ہے۔ قاری کو یہ سمجھنے میں دیر نہیں لگتی کہ انتقام کا جذبہ انفرادی ہونے سے زیادہ سماجی ہوتا ہے۔ یعنی مولا باپ کے قتل کا بدلہ اپنے ذاتی جذبے کی تسکین کے لیے اتنا نہیں جتنا اس احساس کے تحت لینا چاہتا ہے کہ لوگ کیا کہیں گے؟ یہی انتقام کی وہ سماجی نوعیت ہے جس کا انکشاف افسانہ نگار نے بہت چبھتے ہوئے انداز میں کیا ہے۔ مولا قرآن کے واسطے پر اپنے قدم روک تو لیتا ہے لیکن جیسے ہی واپس اپنے گھر آتا ہے اسے جذباتی طور پر ایک اور جھٹکا لگتا ہے افسانہ نگار نے اس منظر کو کچھ یوں بیان کیا ہے :-

''وہ گھر کے دالان میں داخل ہوا تو رشتے دار اس کے باپ کی لاش کو تھانے اٹھا لے جانے کا فیصلہ کر چکے تھے۔ منہ پیٹتی اور بال نوچتی ماں اس کے پاس آئی اور ''شرم تو نہیں آتی کہہ کر پھر لاش کے پاس چلی گئی۔ مولا کے تیور اسی طرح تنے رہے۔ اس نے بڑھ کر باپ کی لاش کو کندھا دیا اور برادری کے ساتھ تھانے روانہ ہو گیا۔ ابھی لاش تھانے نہیں پہنچی ہوگی کہ رنگا کی چوپال پر قیامت مچ گئی۔ رنگا چوپال کی سیڑھیوں پر سے اتر کر سامنے اپنے گھر میں داخل ہونے ہی لگا تھا کہ کہیں سے ایک گنڈاسا لپکا اور انتڑیوں کا ایک ڈھیر اس کے پھٹے ہوئے پیٹ سے ابل کر اس کے گھر کی دہلیز پر بھاپ چھوڑنے لگا۔ کافی دیر کی افراتفری کے بعد رنگے کے بیٹے گھوڑوں پر سوار ہو کر رپٹ کے لیے گاؤں سے نکلے مگر جب وہ تھانے پہنچے تو یہ دیکھ کر دَم بخود رہ گئے کہ جس شخص کے خلاف وہ رپٹ لکھوانے آئے ہیں وہ وہیں پر اپنے باپ کی لاش کے

پاس بیٹھا تسبیح پر قل ہواللہ کا ورد کر رہا تھا۔''

افسانہ نگار نے مولا کے فوری نفسیاتی ردّعمل کی جو تصویر کشی کی ہے وہ حقیقت کے عین مطابق ہے۔ وہ جو پیر نور شاہ کے کہنے اور قرآن کا واسطہ دینے پر باپ کے قتل کو صبر کے ساتھ سہہ لینے کے لیے تیار ہو گیا تھا آگ میں بجھے ماں کے لفظوں کی حدّت برداشت نہیں کر سکا۔ اور اس نے اس سے پہلے کہ باپ کی لاش تھانے پہنچے بھیڑ سے نکل کر رنگے کو انتقاماً قتل کر دیا۔ اور اتنی پھرتی سے واپس جا کر جنازے کے ساتھ مل گیا کہ تھانے دار کو خود بھی یہ گمان نہ گذرا کہ مولا رنگے کو قتل کر آیا ہے۔

دونوں طرف قتل کی نامزد رپورٹیں درج کرائی جاتی ہیں۔ لیکن عینی شہادت اور ثبوت کے کافی نہ ہونے کے باعث مولا اور معاملے کا دوسرا فریق دونوں سزا سے بچ جاتے ہیں دراصل یہ قتل مولا نے بہت تیزی اور ہوشیاری سے کیا تھا وہ 'تاجے' کے گھوڑے پر سوار ہو کر رنگے کی چوپال پر گیا اور رنگے کو ٹھکانے لگا کر بجلی جیسی تیزی سے واپس آ گیا۔ کہانی میں وہ تاجے سے یہ اعتراف کرتا ہوا دکھایا گیا ہے۔

''اس روز تم اور تمہارا گھوڑا میرے کام نہ آتے تو آج میں پھانسی کی رسّی میں توری کی طرح لٹک رہا ہوتا۔ تمہاری جان کی قسم جب میں نے رنگے کے پیٹ کو کھول کر رکاب میں پاؤں رکھا تو ایسا لگا کہ گھوڑے کو بھی قتل کا پتا چل گیا ہے۔ وہ آندھی بن گیا خدا کی قسم اسی لیے تو لاش ابھی تھانے نہیں پہنچی تھی کہ میں دونوں ہاتھ جھاڑ کر واپس آ گیا۔''

اس قتل کے بعد مولا پورے گاؤں کے لیے دہشت کی علامت بن گیا۔ اس کی مونچھوں کے بل بڑھ گئے۔ ہر وقت لٹھ میں پھنسا ہوا گنڈاسا ساتھ رکھنے لگا۔ اس کا لباس، اس کی چال، اس کی مونچھیں پہلے گاؤں کے نوجوانوں کے لیے اور پھر علاقے بھر کے فیشن پر اثر ڈال گئے۔ مولا کے انتقام کی پیاس ابھی بجھی نہیں تھی وہ گلیوں کے نکڑ پر لٹھ لیے اور گنڈاسا چڑھائے ''پھلّے'' اور ''گلّے'' ان دونوں بھائیوں کی راہ تکتا رہتا جو رنگے کے قتل کے بعد بچے رہ گئے تھے۔ پھلّا فوج میں بھرتی ہو کر چلا گیا اور گلّے نے علاقے کے مشہور رسّہ گیر چودھری مظفر الٰہی کے یہاں پناہ لے لی تھی۔

افسانہ اپنے قاری کا جس مظفر الٰہی سے تعارف کراتا ہے۔ وہ علاقے کا ایک بااثر لیکن مجرمانہ کردار کا دبدبے والا شخص ہے۔ علاقے کے مویشیوں کو چرا کر بیچنا اور اپنے ڈنڈے کے زور پر لوگوں کو دبائے رکھنا ہی اس کا شیوہ ہے۔ افسانہ نگار نے رنگے کے دونوں بھائیوں کی گاؤں سے فراری کا جو حال بیان کیا ہے وہ بھی عین فطرت انسانی کے مطابق ہے۔ پھلّا جان بچانے کے لیے فوج میں بھرتی ہوا ہے۔ گلّا ایک ایسے شخص کی پناہ میں چلا گیا ہے جو خود دہشت انگیزی کے ذریعہ طاقتور بنا ہے۔ دونوں فطری طور پر محسوس کر رہے ہیں کہ ایسا کر کے انہوں نے اپنے تحفظ کا مضبوط انتظام کر لیا ہے۔ ادھر مولا کوئی کام نہ کرتے ہوئے سارا دن اپنا تیل پلایا ہوا لٹھ اور گنڈاسا ساتھ لیے ہوئے کبھی کہیں اور کبھی کہیں بیٹھا ہوا دکھائی دیتا

ہے۔ گاؤں میں کسی کی ہمّت نہیں ہے کہ اس کے لٹھ کو چھو بھی لے۔ اسے اس حالت کو پہنچانے کے لیے مولا کی ماں کا انتقامی جذبہ بھی کام کر رہا ہوتا ہے۔ جب مولا رہا ہو کر گھر واپس آتا ہے تو مولا کی ماں اس کے ماتھے پر ایک طویل بوسہ دیتے ہوئے کہتی ہے۔ ''ابھی دو اور باقی ہیں میرے لعل۔ رنگے کا کوئی نام لیوا نہ رہے تو جبھی بتّیس دھاریں بخشوں گی۔ میرے دودھ میں تیرے باپ کا خون تھا مولے اور تیرے خون میں میرا دودھ ہے۔ اور تیرے گنڈاسے پر میں نے زنگ نہیں چڑھنے دیا۔''

یہ اپنی عزّت اور خاندانی آبرو پر مر مٹنے والی اس عورت کا کردار ہے جو اپنے سہاگ کے لُٹ جانے کی قیمت پر کسی کو معاف نہیں کرتی اور ایک قتل کے بدلے میں دشمن کے پورے کنبے کے مردوں کا صفایا کر دینے کے لیے بیٹے کو تیار کرتی ہے۔ افسانہ اپنے پس منظر میں یہ بتاتا جاتا ہے کہ مولا کی ماں اپنی فطرت میں شقی القلب نہیں ہے بلکہ شوہر کے قتل اور اپنی خاندانی آن بان کو بچائے رکھنے کے لیے وہ ہر سنگین سے سنگین قدم اٹھانے سے بھی پیچھے نہیں ہٹنا چاہتی۔ یہیں سے افسانہ ایک ایسا موڑ لیتا ہے جو مولا بخش جیسے پتھر دل شخص کو موم بننے پر مجبور کر گیا۔

دراصل افسانہ نگار احمد ندیم قاسمی کا افسانوی مقصد ہی اس محبت کے جذبے کو ابھارنا تھا جو مولا بخش جیسے خوفناک اور پتھر دل انسان کے اندر کہیں چھپا ہوا تھا لیکن نمودار نہیں ہو رہا تھا۔ یہ رویہ احمد ندیم قاسمی اور ان کے عہد کے بیشتر افسانہ نگاروں میں دیکھا جا سکتا ہے کہ وہ منفی سے منفی نوعیت کے کرداروں میں بھی ان مثبت پہلوؤں کو تلاش کر لیتے ہیں جو انسانیت، انسانی ہمدردی، محبت یا رواداری کے جذبوں سے متعلق ہیں۔ مولا بخش کے یہاں افسانہ نگار نے اسی پہلو کو تلاش کیا ہے۔ بلکہ یہ کہنا زیادہ درست ہوگا کہ مولا بخش کے اسی پہلو کو ابھارنے کے لیے افسانہ نگار نے اس کہانی کا تانا بانا بُنا۔ مولا جب پورے گاؤں کے لیے دہشت بنا ہوا ہے اور گاؤں کا کوئی دلیر سے دلیر شخص بھی اس کے گنڈاسا لگے لٹھ کو چھونے کی ہمّت نہیں کرتا تب ایک لڑکی جس کا نام ''راجو'' ہے مرچوں کی گٹھری اٹھائے گاؤں میں آتی ہے۔ اور گلیارے کو گھیرے مولا کے لٹھ کو بے پروائی سے اٹھا کر ادھر سے ادھر رکھتے ہوئے ذرا نہیں جھجکتی۔ مولا اس کی جرأت دیکھ کر حیرت میں پڑ جاتا ہے کہ بنا ڈرے وہ لٹھ کو کسی گندے کپڑے کی طرح ہٹا کر دور رکھ دیتی ہے اور اطمینان سے بیٹھی ہوئی اپنی بکھری ہوئی مرچیں چن رہی ہے۔ جب مولا کڑک کر اس سے کہتا ہے کہ ''جانتی ہو میں کون ہوں؟'' تو وہ مرچوں کو گٹھری میں رکھتے ہوئے کہتی ہے۔ ''مجھے تو کوئی سڑی لگتے ہو'' جواب سن کر مولا غصّے سے تلملا جاتا ہے۔

کیا سبب ہے کہ اس وقت جب علاقے کا علاقہ مولا کی ہیبت سے لرزہ براندام ہے تب ایک الھڑ لڑکی اس کے ساتھ ایسا برتاؤ کرتی ہے جیسے وہ کوئی حقیر شئے ہو۔ افسانہ نگار اشارہ کرنا چاہتا ہے کہ الھڑ لڑکی لاشعوری طور پر یہ جانتی ہے کہ حسن اور جوانی کی جو طاقت اس کے پاس ہے اس سے وہ ایک مولے کو تو کیا ساری دنیا کو اپنے قدموں پر جھکا سکتی ہے۔ لڑکی کا یہ لاشعوری احساس بعد کے مکالموں میں اس طرح

ظاہر ہوا ہے۔

''مولا مارے غصّے کے اٹھ کھڑا ہوا لڑکی بھی اٹھی اور اس کی آنکھوں میں آنکھیں ڈال کر نرمی سے 'بولی اسی لیے تو میں نے (لٹھ) تمہارے سر پر نہیں ماری۔ ایسے لٹے لٹے سے لگتے ہو تم، مجھے تو تم پر ترس آ گیا''

مولا بخش جو ترس کھانے والوں کو کچّا چبا جانے کے لیے تیار ہو جاتا تھا لڑکی کے ترس کھانے کو شربت کے میٹھے گھونٹ کی طرح پی گیا۔ لیکن اپنی مردمی بنائے رکھنے کے لیے لڑکی پر دہاڑ کر رعب ڈالنا چاہتا ہے۔ اس کی دہاڑ سن کر لڑکی گھبرا کر اپنی گٹھری کو دونوں ہاتھوں سے تھامے کچھ ڈرسی جاتی ہے۔

یہاں مولا لڑکی کو ہیبت زدہ کرنے کے لیے اسے بتاتا ہے (ہاں مولا گنڈا سے والا) مگر لڑکی مسکرا کر گلی سے جانے لگتی ہے۔ یہ وہ لمحہ ہے جب کہ مولا جیسے پتھر سے محبت کا تیر پار ہو چکا ہے۔ وہ لڑکی کے پیچھے پیچھے لپکتا ہے۔ لمبی گلی کے سرے پر راجو اسے نظر آتی ہے۔ آنگنوں میں بیٹھی ہوئی عورتیں دروازوں تک آ گئی ہیں۔ بچے چھتوں پر چڑھ گئے ہیں سبھی کو اندیشہ ہے کچھ ہونے والا ہے۔ لیکن مولا لڑکی کے پاس جا کر کہتا ہے۔ ''تمہیں کچھ نہیں کہوں گا میں بس اتنا بتا دو تم کون ہو؟'' لڑکی جواب میں صرف مسکرا دیتی ہے۔ تبھی وہاں موجود ایک بڑھیا مولا کو بتاتی ہے کہ وہ رنگے کے چھوٹے بیٹے کی منگیتر ہے۔

یہ کہانی کا انتہائی نفسیاتی اور نازک موڑ ہے۔ انتقام کی آگ میں پھنکتے ہوئے مولا کو رنگے کا نام سن کر اشتعال اور نفرت کی گرفت میں آجانا چاہیئے تھا۔ لیکن لڑکی کی کشش نے اس کے دل و دماغ پر ایسا جادو کیا کہ وہ موم کی طرح پگھل گیا۔

پھر ایک اور موقع آتا ہے جب یہی لڑکی اس وقت مولا کے سامنے آتی ہے جب اس نے چودھری مظفر الٰہی کے کہنے پر چرائی گئی بھینسوں کو اپنے احاطے میں جبراً روک لیا ہے۔ اور چودھری کا خوف کھائے بغیر ان مویشیوں کو ان کے اصلی مالکوں کو واپس کر رہا ہے۔ گاؤں کے بہت سے لوگ مولا کی اس غیر معمولی جرأت پر حیرت زدہ ہیں اور مولا کے احاطے میں جمع ہو گئے ہیں۔ انہیں میں راجو بھی ہے اس کے سر پر گھی کی ہانڈی ہے۔ مولا مویشیوں کو ان کے مالک کے سپرد کر کے راجو سے گھی بیچنے کے لیے کہتا ہے۔ وہ راجو سے پوچھتا ہے کہ ''کیا یہ گھی بیچوں گی؟'' راجو جرأت مندانہ انداز میں جواب دیتی ہے کہ ''ہاں بیچنا تو ہے لیکن تیرے ہاتھ نہیں بیچوں گی کیونکہ تیرے ہاتھ پر میرے رشتے داروں کا خون ہے۔'' راجو کی جگہ کوئی اور ہوتا تو اب تک مولے کا گنڈاسا اس کی انتڑیوں کے پار ہو چکا ہوتا۔ لیکن مولا یہ سن کر خاموش رہتا ہے اور راجو سے کہتا ہے کہ راجو یہ سچ ہے کہ میرے ہاتھ خون سے رنگے ہے اور نہ جانے ابھی ان پر کتنا خون اور چڑھے گا۔ تمہیں گھی بیچنے آئی ہو میرے ہاتھ نہ سہی میری ماں کے ہاتھ بیچ دو۔ راجو کافی ردّوکد کے بعد گھی بیچنے کے لیے تیار ہو گئی ہے۔ لیکن مولا کی ماں جب اس سے گھی تلوا رہی ہے تو اسے چہرے مہرے سے پہچان کر پوچھتی ہے۔ ''تو غلام علی کی بیٹی تو نہیں ہے؟'' راجو کے ہاں کہنے پر مولا کی ماں غصے سے ترازو پھینک

دیتی ہے۔اور راجو کو پھٹکارتے ہوئے اپنے بیٹے مولا سے کہتی ہے کہ ''جن پر گنڈاسے چلانے ہیں ان سے گھی کا لین دین نہیں ہوتا۔ یہ رنگے کے بیٹے گلّے کی منگیتر ہے۔'' یہاں ماں کے ان لفظوں سے مولا کو لگتا ہے کہ جیسے ماں نے اس کی اور راجو کی بے عزّتی کی ہے۔راجو چلی گئی ہے اور مولا پھوٹ پھوٹ کر رونے لگا ہے۔ ماں پوچھتی ہے ''تم رو رہے ہو مولے؟'' جواب میں مولے کہتا ہے ''تو کیا اب روؤں بھی نہیں؟'' یہ دوسرا موقع ہے جب فولاد کا بنا ہوا مولا رویا ہے۔اب مولا اداس رہنے لگا ہے اور اپنے آپ سے بے پرواہ ہو کر زندگی کے دن گذار رہا ہے۔ پہلے کی طرح اب گاؤں میں مٹر گشتی بھی نہیں کرتا اور اب وہ بس کے اڈّے پر بیٹھا رہتا ہے۔ایک دن بس اڈّے پر کچھ مسافر بس سے اترتے ہیں۔ان میں راجو کا منگیتر گلّے بھی ہے۔اسے چودھری مظفّر علی نے بھیجا ہے۔مولا ان مسافروں کو دیکھ کر اپنے پلنگ سے اٹھ بیٹھتا ہے وہ سمجھ گیا ہے کہ کچھ نہ کچھ ہونے والا ہے۔تبھی 'گلّے' اس کی طرف بڑھتا ہے اور مولا سے کہتا ہے کہ ''مولا چودھری نے تمہارے لیے انعام بھیجا ہے۔اور کہا ہے کہ یہ انعام سارے گاؤں کے سامنے میں تمہیں دے دوں۔'' مولا چونک کر پوچھتا ہے ''انعام؟'' ''کیسا انعام؟'' جواب میں گلّے تڑاخ سے ایک چانٹا مولا کے گال پر جڑ دیتا ہے۔اور بجلی کی تیزی سے پیچھے ہٹ جاتا ہے۔سورج کی روشنی میں مولا کا گنڈاسا شعلے کی طرح چمکتا ہے لیکن اس کا اٹھا ہوا ہاتھ جس زاویے پر تھا اسی پر جھکا رہ جاتا ہے۔وہ کہتا ہے ''چودھری کو میرا اسلام کہنا اور کہنا کہ انعام مل گیا ہے۔رسید میں خود پہنچا جاؤں گا'' پھر کچھ رک کر گلّے سے کہتا ہے ''رسید تو میں تم کو ہی دے دیتا لیکن تمہیں تو ابھی دولہا بننا ہے۔'' کوئی اور شخص ہوتا تو مولا جیسا خونخوار آدمی گنڈاسے سے اس کا پیٹ پھاڑ دینے میں تاخیر نہیں کرتا، لیکن راجو کی محبت نے اس کے دل میں جس نرمی اور حلاوت کو جنم دیا تھا اس نے مولا کو گنڈاسا اٹھانے سے روک دیا۔اسی دوران مولا کی ماں وہاں آ کر مولا کو کھری کھری سناتی ہے اس کے خیال سے مولا بزدل ہو گیا ہے، وہ غصّے سے مولا کو للکارتی ہوئی اپنے دل کی بھڑاس نکالتی ہے۔ ''تجھے گلّے نے تھپڑ مارا اور تو پی گیا، تیرا گنڈاسا کیوں نہ اٹھا؟'' وہ اپنا سر پیٹنے لگتی ہے۔ میں نے تو تیرے گنڈاسے کو کبھی زنگ نہیں لگنے دیا۔'' مولا ماں کی بات سن کر رونے لگتا ہے۔ ماں پوچھتی ہے۔ ''تو رو رہا ہے مولا؟'' مولا ماں سے بھی وہی جملہ دوہراتا ہوا کہتا ہے۔ ''تو کیا اب روؤں بھی نہیں؟''

افسانہ نگار نے اس پورے افسانے کا تانا بانا مولا بخش عرف مولے کے اندر محبت کی ایک کرن کو تلاش کر کے قارئین کے سامنے پیش کرنے کے لیے بُنا ہے۔اور وہ اس میں کامیاب بھی ہوا ہے۔ احمد ندیم قاسمی کے کامیاب افسانوں میں یہ ان کا ایک نمائندہ افسانہ ہے۔اگرچہ ترقی پسند افسانہ نگاروں کے یہاں عام طور پر یہ رجحان پایا جاتا ہے کہ وہ طوائفوں، مجرموں، ڈاکوؤں اور دلالی کرنے والے جیسے منفی کرداروں کے اندر سے مثبت انسانی پہلوؤں کی تلاش وجستجو کرتے رہے ہیں۔ احمد ندیم قاسمی کا افسانہ ''گنڈاسا'' بھی اسی طرح کا ایک کامیاب افسانہ ہے۔اس افسانے میں مولا بخش نام کا جو مرکزی کردار ہے

اور جسے افسانے میں مولے کے نام سے متعارف کرایا گیا ہے۔ بنیادی طور پر منفی انداز کا نہیں ہے۔ حالات کے 'جبر' نے اسے مجرم بننے پر مجبور کر دیا ہے۔

مذکورہ افسانے میں قاسمی کی کردار نگاری، جزئیات نگاری اور منظر نگاری عروج پر ہے۔ جمالیاتی عنصر احمد ندیم قاسمی کے افسانوں میں بطور خاص پایا جاتا ہے۔ افسانہ نگار نے کرداروں کے قد و قامت اور خدوخال کو بہت خوبصورتی سے افسانے میں پیش کیا ہے۔ نسوانی کردار ''راجو'' کی خوبصورتی کے بیان نے افسانے میں کس قدر جمالیاتی حسن پیدا کر دیا ہے، ملاحظہ فرمائیں۔۔۔۔

''اور مولا نے دیکھا کہ راجو کی کنپٹیوں پر سنہرے روئیں ہیں اور اس کی پلکیں یوں کمانوں کی طرح مڑی ہوئی ہیں جیسے اٹھینگی تو بھوؤں کو مَس کر لینگی اور ان پلکوں پر گرد کے ذرّے ہیں، اس کی ناک پر پسینے کے ننھے ننھے سوئی کی نوک کے سے قطرے چمک رہے ہیں اور نتھنوں میں کچھ ایسی کیفیت ہے جیسے گھی کے بجائے گلاب سونگھ رہی ہو''

مختصر یہ کہ افسانہ ''گنڈاسا'' میں فنّی پختہ کاری کوٹ کوٹ کر بھری ہوئی ہے افسانہ نگار نے افسانے میں پنجاب کی دیہاتی زندگی کا جو نقشہ کھینچا ہے وہ حقیقت پر مبنی ہے۔ آغاز سے اختتام تک افسانے میں قاری کی دلچسپی قائم رہتی ہے۔ اس افسانے کی خاص بات یہ ہے کہ احمد ندیم قاسمی نے جس موضوع کا انتخاب کیا ہے اس کے حسن ترتیب سے یہ پتہ چلتا ہے کہ عام ترقی پسندانہ رجحان سے ذرا الگ ہٹ کر ایک ایسی کہانی کا پلاٹ افسانہ نگار نے تیار کیا ہے جو نیا بھی ہے اور منفرد بھی۔ انتقام کے جذبے کو محبت کی آگ سے ٹھنڈا کرنے کی اس سے عمدہ مثال اور کیا ہو سکتی ہے۔

## • مصطفیٰ کریم

# پیارے بھائی! سید ارتضیٰ کریم کی یاد میں

تم ۷ جولائی ۲۰۱۴ء اس دنیا سے رخصت ہو گئے۔ افسوس آخری دنوں میں، میں تمہارے پاس نہیں تھا اور نہ ہی تمہیں مدفون کرتے وقت خدا حافظ کہہ سکا۔ تم سے پانچ ہزار میل کی دوری اور میری اپنی طبعی مجبوریوں نے مجھے بے بس کر رکھا تھا۔ تم ہمارے والد کی وفات (۱۹۳۴ء) کے دو مہینہ بعد پیدا ہوئے تھے۔ مجھے شہر آرہ کی وہ صبح یاد ہے جب تمہیں نہلا دھلا کر سفید سلفچی میں لٹا دیا گیا تھا۔ تم رو رہے تھے شاید ابا کو اب کبھی نہ دیکھنے کا تمہیں غم تھا۔ تمہیں دیکھ کر میں حیرت میں ڈوبا ہوا تھا۔ ''یہ اجنبی کون ہے؟ اس سے میرا کیا رشتہ ہوگا؟'' چار سال کی عمر میں ممکن ہے یہ سوالات میرے ذہن میں آئے ہوں۔ اور پھر کچھ دنوں بعد سردی کی ایک دوپہر میں والدہ تمہارے ساتھ لیٹی ہوئی تھیں اور میں پاس کی پلنگ پر پاؤں کی موچ سے آزردہ آرام کر رہا تھا۔ اچانک گھن گرج کی آواز بلند ہوئی، چھت ہلنے لگی اور زلزلہ، زلزلہ پکارنے کی سہمی ہوئی آوازیں آنے لگیں۔ اماں تیزی سے اٹھیں، تمہیں گود میں سمیٹا اور دوسرے ہاتھ سے مجھے پکڑ کر بالا منزل سے نیچے اترنے کے لیے بھاگیں۔ وہ سماں مجھے اب تک یاد ہے۔ سیڑھیاں اور تڑختی دیواریں ہل رہی تھیں۔ اماں کوئی آیت پڑھتی ہوئی ہم دونوں کو لپٹائے نیچے جا رہی تھیں۔ پھر وقت خشک ریت کی طرح بند مٹھی کے ماہ و سال سے پھسلتا گذر گیا۔ ہم اپنے نانا قاضی علیم الدین کے سایۂ عافیت میں زندگی گذارتے رہے۔

چند سال بعد تم جب چار سال کے تھے نانا ابا کا گھر مہمانوں سے بھرا تھا۔ ہم تم مخمل کی شیروانی، کامدار مغلیہ جوتی اور ٹوپی میں ملبوس خوش و خرم کرسیوں پر بیٹھے تھے۔ تمہارے چہرے پر جو معصومانہ مسکراہٹ تھی اسے میں کبھی فراموش نہیں کر سکا۔ لیکن جلد ہی ہماری خوشی خاک میں مل گئی۔ نائی کسی قاتل کی طرح اپنے خون آلودہ استرے کو صاف کر رہا تھا۔ تم مارے اذیت کے روتے ہوئے تسلی کے لیے مجھے پکار رہے تھے۔ ابا مرحوم تو تھے نہیں جو تمہیں چمکارتے اور دلاسہ دیتے۔ ان کی جگہ مجھے ہونا چاہئے تھا۔ لیکن ایسا نہیں ہو سکا۔ اسوقت نہیں اور بعد میں بھی نہیں۔ باپ وہ ستون ہوتا ہے جس سے کسی مقناطیسی ڈور سے بندھی

اولادیں گردش کرتی رہتی ہیں۔کبھی کبھی اور اکثر وہ ڈور کھینچتا ہے۔اولاد اس سے لپٹ جاتی ہے اور ایک دوسرے کی توانا قربت محسوس کرتی ہے۔ ہماری زندگی میں وہ ستون ٹوٹ چکا تھا اور ایک عجیب سی بیگانگی اور ساتھ ہی غیریت کا احساس ہماری زندگیوں سے عبارت ہو چکا تھا۔

کچھ عرصہ بعد تمہارا ایک نیا وصف نمایاں ہوا۔تمہاری پوشاک اور رہائش میں اعلیٰ درجہ کی نفاست آ گئی۔تم جو لباس بھی پہنتے اس میں سلیقہ اور صفائی ہوتی۔اور گو تمہارے کمرے میں کوئی شے قیمتی نہیں ہوتی لیکن ان سب کی تنظیم اور ترتیب میں جو جمالیاتی زیبائش تھی وہ ہم سبھوں کو حیرت زدہ کر دیتی تھی۔ جسے ہم یہاں معاون خانہ کہتے ہیں اور جو ترقی پذیر ملکوں میں نوکر یا نوکرانی کے نام سے بلائے جاتے ہیں انکے کام کا آغاز تمہارے کمرے سے شروع ہوتا تھا۔نانا ابا مرحوم کو جانور اور پرند پالنے کا شوق تھا۔چوں کہ وہ پولس میں نوکری کر چکے تھے اس لیے گھر کے اصطبل میں ایک گھوڑا بھی موجود ہوتا تھا۔تمہیں گھڑسواری کسی نے نہیں سکھائی لیکن گھوڑے پر چڑھنے اور اسے بھگانے کی خداداد صلاحیت تم میں تھی۔افسوس میں اس ہنر سے بیگانہ رہا۔

میں نے میٹرک کس طرح پاس کرلیا وہ معمہ تھا۔سچ تو یہ ہے کہ جسے تعلیم حاصل کرنا کہتے ہیں وہ ۹۴ء سے شروع ہوا۔اس سے دو سال پہلے مجھے کتابوں سے کوئی شغف نہیں تھا۔آوارہ گردی اور فضولیات میرا شیوہ تھا۔پتہ نہیں کیسے اچھے ناولوں اور افسانوں کی کتابوں میں مجھے غیر معمولی دلچسپی ہوگئی اور جواب تک قائم ہے۔اسی دلچسپی نے مجھے حصول تعلیم میں آخر سنجیدہ بنا دیا۔اسی سنجیدگی نے مجھے وہ بنایا جو میں اب ہوں۔ جب تم اسکول کے آخری سالوں میں تھے تو تمہیں اور میری دو بہنوں کو ایک ماسٹر صاحب پڑھانے کے لیے آتے تھے۔انھوں نے فیصلہ سنا دیا تھا کہ تم ہم سب میں سب سے زیادہ ذہین ہو۔اس ذہانت کے ساتھ تمہاری دلچسپی ٹینس میں بھی ہوگئی۔سر پر گھنگریالے بال،خوش پوشاک اور خوش شکل بھی جو تمہاری چپٹی ناک کو نمایاں نہیں ہونے دیتی۔ ہمارے معاشرے کی جہالت کی وجہ سے عیب کو شخصیت کی کمزوری بنانے میں کوئی کسر نہیں چھوڑی جاتی۔تمہارے ساتھ بھی یہی زیادتی ہونے لگی۔لیکن تم نے کوئی پروا نہیں کی اپنی راہ پر چلتے رہے۔میٹرک تم نے امتیازی درجہ میں پاس کیا اور مزید تعلیم کے لیے علیگڈھ چلے گئے۔اس اثنا میں تمہارے گلے میں غدود کا آپریشن کسی پرائیوٹ ہسپتال میں ہوا جہاں نانا ابا اپنی ضعیفی کے باوجود تمہاری تیمارداری کے لیے تمہارے بستر کے قریب زمین پر سویا کرتے تھے۔آپریشن کامیاب ہوا اور تمہاری چپٹی ناک سیدھی ہونے لگی۔شاید ان ہی دنوں کی بات ہے کہ میں تعلیم کے سلسلے میں الہ آباد چلا گیا تھا اور میری سائیکل جو میری آوارہ گردی کے لیے مخصوص تھی وہ تمہارے استعمال میں آنے لگی۔تم اس کی دیکھ بھال اس طرح کرتے تھے کہ ہمیشہ نئی لگتی۔سائیکل ایک دن چوری ہوگئی جس کا ملال مجھے اس قدر رہا کہ میں نے تم

سے بولنا چالنا بند کر دیا۔ جس کا قلق تمھیں بہت ہوا۔ لیکن وقت کے ساتھ ہماری باہمی خلش کم ہوگئی۔ اسی زمانے میں عزیز احمد کا ناول گریز شائع ہوا تھا۔ جس میں جنسی محرکات کو مصنف نے بڑی بیباکی سے پیش کیا تھا۔ اس بیباکی میں منٹو جیسی فنکاری نہیں تھی۔ ذہنی تلذذ حاصل کرنے کا ذریعہ اس کتاب میں تھا۔ میری بلوغت کا آغاز ہو چکا تھا۔ میں اس کتاب سے وہ جمالیاتی تسکین نہیں حاصل کر سکا تھا جو مجھے کرشن چندر کے ناول شکست سے حاصل ہوئی تھی۔ گو بعد میں مجھے احساس ہوا کہ یہ محض رومانی داستان ہے اور ناول کی سطح پر کامیاب نہیں ہے۔ میرے پاس صف اول کے ہر مصنف کی تخلیات موجود تھیں اور مشہور ادبی جرائد بھی تھے لیکن ان میں تم نے کبھی دلچسپی کا اظہار نہیں کیا تھا۔ ایک دن میں نے تمہیں گریز پڑھتے دیکھا تو میں اچانک تمہارا گارجین بن بیٹھا اور تمہیں اس قسم کی کتابوں کو پڑھنے سے سخت الفاظ میں منع کیا۔ یہ میری زیادتی تھی اور تمہیں اچھے ادب سے روشناس کرانے کا موقعہ میں نے گنوا دیا۔ تم مسلم یونیورسٹی علیگڈھ سے ایک ممتاز انجیرینگ کالج میں چلے گئے اور میں اس سے چند سال پہلے ڈھاکہ میڈیکل کالج چلا گیا۔ پاکستان قیام میں آچکا تھا۔ تم نانا ابا اور اماں کی خاطر ہندوستان میں رہ گئے تھے اور میں پاکستان میں تھا۔ ہم دونوں کے درمیان ایک ناعبور طبعی دوری آچکی تھی۔ یہ دوری باہمی خط و کتابت کے ذریعہ نہ صرف دور ہو جاتی بلکہ ایک دوسرے کو کچھ زیادہ ہی قریب لے آتی۔ خطوط اگر بغیر کسی جھجک کے لکھے جائیں تو انسان ان میں وہ کچھ لکھ سکتا ہے جس کا اظہار زبانی نہیں کر سکتا۔ خطوط کی افادیت بہت سی باتوں کی طرح میری سمجھ میں اس وقت نہیں آئی تھی۔ میری خیریت جاننے کے لیے اماں اور نانا ابا مرحوم کے منت بھرے خطوط آتے اور میں ایک دو لفظ لکھ کر ٹال دیتا۔ خط و کتابت تمھیں بھی پسند نہیں تھی۔ میں ایم بی بی ایس کرنے کے بعد فوج میں کمیشنڈ افسر بن گیا۔ اور تم چند سال بعد انجینئر بن گئے۔ تمہیں ملازمت نہ صرف انجینیر نگ کی ڈگری بلکہ تمہاری غیر معمولی اسمارٹنس کی وجہ سے بھی ملی تھی۔ شہر کلکتہ میں تم ایک مشہور کمپنی سے منسلک تھے۔ رہائش کسی ہاسٹل میں تھی جہاں بیرے تمہاری دیکھ بھال کرتے تھے۔ شام کے وقت تم ٹینس کلب کھیلنے کے لیے جاتے تھے۔ ہاسٹل میں عمدہ خورد و نوش کا انتظام تھا۔ ملنے جلنے والوں میں حسین بنگالی عورتیں بھی تھیں۔ الغرض تمہیں رفیقۂ حیات کی ضرورت نہیں محسوس ہوئی۔ اماں اور نانا ابا کے اصرار کے باوجود تم شادی کے لیے رضامند نہیں ہوئے۔ ان ہی دنوں تمہارا وجود میرے لیے باعث تسکین ہو گیا اور ایک عجیب سی پر اسرار طاقت بھی مجھے محسوس ہونے لگی۔

ملازمت تمہیں پونہ اور بعد میں بمبئی لے آئی جہاں تم سمندر سے قریب ایک عمدہ فلیٹ میں رہتے تھے۔ بمبے جمخانہ جس کا رکن بننا آسان نہیں ہوتا اس کی رکنیت بہ آسانی تمھیں مل گئی۔ اس بڑے شہر میں تمہاری

زندگی جسے بہ قول تمہارے Good Life کہا جاتا ہے وہ تمہیں بہ آسانی میسر آ گئی۔ اماں کبھی کبھی تمہارے پاس جاتی تھیں لیکن تمہاری غیر موجودگی میں انہیں کرب ناک تنہائی محسوس ہوتی۔ اس لیے ان کا بمبئی میں رہنا ہمیشہ عارضی رہا۔ بمبے جم خانہ میں تمہاری دوستی چند غیر مسلم حسین سندھی عورتوں سے بھی ہوگئی۔ ان میں سے کسی ایک کے ساتھ تم نے شادی کیوں نہیں کی میرے لیے معمہ رہا۔ میں جن دنوں مری سی۔ ایم۔ اپچ میں اسٹاف کیپٹین تھا میری شادی حیدرآباد میں ہوگئی۔ یہ شادی بڑی خوشی کا موقعہ نہیں تھا۔ چوں کہ مجھے نوکری راس نہیں آ رہی تھی اور میں مزید تعلیم کے لیے انگلینڈ جانا چاہتا تھا۔ اس لیے ایک الجھن سی مجھے برابر رہتی تھی۔

میری شادی میں تم بھی اماں اور نانا ابا کے ساتھ شریک ہوئے۔ اور شادی کے بعد میرے ساتھ اماں کے علاوہ تم بھی آ گئے۔ مری میں تم نے اپنے نو بیاہتا بھائی اور بھاوج کی خلاقانہ تصویریں کھینچیں۔ ان میں ایک جو سب سے حسین تھی وہ میرے اور میری بیوی کے درمیان شدید جھگڑے کا باعث بنی۔ میں اسے لاؤنج میں ٹانگنا چاہتا تھا۔ تصویر میں بیگم کے چہرے پر مسے کے جو داغ تھے وہ کچھ نمایاں سے تھے اور اس لیے وہ تصویر بیگم کو ناپسند تھی اور وہ اسے ایسی جگہ نہیں دیکھنا نہیں چاہتی تھیں جہاں سب کی نگاہ اس پر پڑے۔ اس جھگڑے کا سایہ ہماری شادی شدہ زندگی پر ہمیشہ ہی رہا۔ شکر ہے یہ واقعہ تمہارے اور والدہ کے واپس جانے کے بعد ہوا۔ میں کچھ عرصہ کے بعد انگلینڈ مزید سرجیکل ہنر سیکھنے اور ایف آر سی ایس کرنے آ گیا۔ ہجرت کے بعد سبھی دشواریاں برداشت کرتے ہیں۔ لیکن میری زندگی میں وہ دور آیا کہ مجھے محسوس ہونے لگا کہ میرا سایہ بھی مجھ سے جدا ہوگیا ہے۔ ایک وقت وہ بھی آیا جب مجھ پر ہارٹ اٹیک ہوا جس کے بعد اس ملک میں مستقلاً رہ جانے کا فیصلہ میں نے کرلیا۔ دائمی جدائی کا غم تم اور اماں نے کسی طرح سہہ لیا۔ جب میرا بیٹا ناصر کریم پیدا ہوا تو اس کی شکل تم سے بہت ملتی تھی اور اس کے سر پر بھی تمہاری طرح گھنگریالے بال تھے۔ جب وہ بڑا ہوا تو اسے بھی ٹینس میں غیر معمولی دلچسپی ہوگئی۔ اماں کچھ دنوں کے لیے میرے ساتھ آ کر رہی تھیں لیکن ساس بہو کے جھگڑے اور بیگانگی نے دونوں کی مسرت کو خاک میں ملا دیا تھا۔ جس کا ملال ہم دونوں کو ہمیشہ رہا۔ جدائی کی دوری نے ہم دونوں میں ایک ایسی قربت پیدا کر دی تھی جسے الفاظ بیان نہیں کر سکتے۔ میرا ممبئی جانا کئی بار ہوا۔ ہر بار تمہاری نفاست کی خوشبو سے بسے گھر میں اپنے گھر سے زیادہ سکون اور راحت کا احساس ہوا۔ تم بھی کئی بار انگلینڈ آئے اور میرے ساتھ آ کر رہے۔ تم جس کمرے میں سوتے تھے وہاں میز پر وہ گول نشان اب بھی موجود ہے جہاں تم گرم چائے کا پیالہ رکھتے تھے۔ ہر صبح میں چائے لے کر بالا منزل منزل پر تمھیں جگا کر چائے دیتا تھا اور اس کے بعد دیر تک ہم باتیں کرتے۔ میرے پاس عظیم موسیقاروں کے وہ تین ریکارڈ اب بھی موجود ہیں جسے تم نے مجھے دیا تھا۔ میری ادبی تخلیق میں تمہیں دلچسپی نہیں تھی۔ یہاں تک کے

ناولٹ، ڈاکٹر بینرجی کی سیاسی تباہی، جسے میں نے تمہارے نام معنون کیا تھا، اسے تمہارے پاس سے کوئی لے گیا اور کبھی واپس نہیں کیا، لیکن تم نے اسے اس شخص سے طلب نہیں کیا۔ مجھے اس بے قدری کا افسوس برابر رہا۔

اور اب کیا لکھوں سوائے اس کے کہ ہم تم اس منزل پر مدت ہوئی آ گئے تھے جہاں اپنی اداسیوں اور خوشیوں میں گھرے، ہم عمر کے احساس سے ماورا ہو جاتے ہیں اور اچانک موت ایک جھٹکے کے ساتھ آ جاتی ہے۔ لیکن پیارے بھائی تم اس جہان سے کیا گئے اپنے بھائی کی ایک کائنات بھی ساتھ لے گئے۔ تم نے اپنی زندگی میں کسی کو آزردہ نہیں کیا۔ ستم کیا تو خود پر۔ دائمی تنہائی کو رفیق زندگی پر ترجیح دیا۔ ریٹائرمنٹ کے بعد ممبئی میں اپنے دوستوں، عزیزوں اور جمخانہ کو چھوڑ کر پونہ میں بس جانے کا فیصلہ کر لیا۔ جہاں تمہارے خوبصورت فلیٹ میں، جس کی بالکونی سے نیچے ننھا باغ نظر آتا تھا، وہاں سرطان، دل کی شدید بیماری اور تنہائی کی عطا کردہ ذہنی ہیجان تمہارے ساتھی بنے۔ چند ہفتہ پہلے تم کسی وجہ سے رات کو اٹھے اور میز سے ٹکرا کر گر گئے۔ تمہارے کولھے کی ہڈی ٹوٹ گئی۔ دوسرے دن اسی بے بسی کے عالم میں تمہاری معاون خانہ نے تمہیں زمین پر پڑا پایا۔ اس نے کسی طرح تمہیں اٹھا کر صوفے پر بٹھایا۔ کسی قسم کی امداد طلب کرنے سے تم نے اسے منع کر دیا۔ دوسرے دن جب وہ تمہارے فلیٹ میں آئی تو تم اسی طرح بے بس اور بیکس صوفہ پر بیٹھے تھے۔ تمھیں ہسپتال لے جایا گیا جہاں تم بارہ دنوں کے بعد اس دنیا سے رخصت ہو گئے۔ بغیر کسی شکوے کے۔ بغیر کسی فریاد کے ...... فلسطین کے حریت پسندوں کو چھوٹی سی امداد دے کر میں نے سرزمین فلسطین پر اماں، نانا ابا، ابا اور تمہارے نام پر زیتون کا درخت لگوایا ہے۔ سنتے ہیں زیتون کا درخت ہزاروں سال تک شجر دار رہتا ہے۔ اس درخت کے پتوں میں جب ہوا سرسرائیگی تو اس سرسراہٹ میں تمہاری روح بھی نغمہ خواں ہوگی۔ اور اس درخت کے پھل سے دلیر فلسطینیوں کو تمہاری ذات کی توانائی ملے گی۔